우리 時調와 어우러진

한글과 韓字의 아름다운 동행

2021. 04.

우리 時(시)調(조)와 어우러진
한글과 漢(한)字(자)의 아름다운 동행

우리 時調와 어우러진

한글과 漢字의 아름다운 동행

인쇄일	2021. 4. 10. 초판 인쇄
발행일	2021. 4. 20. 초판 발행
지은이	산강 김 락 기
발행처	도서출판 한아름
주소	서울특별시 중구 서애로 3길 16
우편번호	04623
발행인	김 천 수
등록번호	제 2005-000122호
전화	02-2268-8188
팩스	02-2268-8088
ISBN	978-89-957366-8-5

- 값은 뒤표지에 있습니다.
- 잘못된 책은 교환해 드립니다.

이 책의 저작권과 판권은 저자가 소유하며,
저자의 서면 동의 없이는 무단 전재 및 복제를 금합니다.

우리 時調(시조)와 어우러진

한글과 漢字(한자)의
아름다운 동행

산강 김 락 기 편저

도서출판
한아름

머리말

장차 세계공용어로 비상할 한국어!
한글만 쓰면 애국이고
영어는 섞어 써도 괜찮고
韓字(한자)를 섞어 쓰면 사대주의인가.

 이 글월은 본 분야 아마추어로서의 서술임을 먼저 밝힌다. 2019. 8월~12월에 걸쳐 쓴 기호일보 칼럼을 재편집한 것이다. 그러다 보니 배경정황은 당시 표현이 더러 있으며, 일반 독자가 알기 쉬운 구어체 문장이라도 그대로 두었다. 각각 발표된 8편을 한 곳으로 모은 관계로 내용이 매끄럽게 연결되도록 약간의 가필을 하였다. 더불어, 약술略述한 부분은 편별로 주석註釋(각주와 미주)을 달아 보완하였다.

 나는 평소 생각은 있었으나 전문적 식견이나 그에 접할 여지가 적은 관계로 늘 아쉬움 속에 남겨둔 대상 분야가 있었다. 한자는 우리민족의 문자가 아닐까라는 거였다. 또한, 훈민정음 창제원리에 동양천문도를 적용하였다는 소식을 접하면서 한글도 함께 들여다보게 되었다. 마침 수년째 칼럼을 써오던 종합 일간신문에 이를 연구, 발표할 기회가 있었다. 비록 언어학을 전공하지는 않았지만 애써 공부하면서 메모한 분량이 상당하였다. '시조'라는 문학 장르를 창작·평설해온 것도 이 책을 내게 된 계기가 아니었나 싶다. 특히, 각 편마다 한 수 단시조로 전체를 뭉뚱그려 마무리한 점이 색다르다고 하겠다. 한글과 韓字한자라는 우리 언어를 우리 민족이 연면히 노래해온 전통 시조로 아우른 셈이다.

  지금 세계는 K-팝, K-드라마 같은 이른바 한류 붐이 에베레스트 산처럼 솟아오르고 있다. 이에 발맞춰 우리나라 말 한국어는 지구촌 곳곳으로 급속히 확산되고 있다. 과언이라 해도 달게 받겠다. 여러모로 어려운 상황에 처한 사람이 적지 않은 이때, 한민족이라면 이런 우리말에 대해 각별히 자긍심을 가져도 될 것이다.

요즈음은 전공분야가 아니더라도 누구든 관심을 기울이면 해당 사실을 보다 쉽게 가까이 할 수 있는 인터넷 해인시대다. 본 졸저가 잠시라도 우리 언어를 곱씹어보고, 한자와 한글의 실체를 널리 알리는 계기가 된다면 더할 나위 없겠다.

단기 4354년 2021년 3월
수락산 우거에서

산강 김탁기

차례

우리 방言과 어우러진
한글과 韓字의 아름다운 동행

- 머리말   02

- 권두시조   07
  - 한자와 한글의 때늦은 결혼식

1 제 것을 제 것이라 하지 못하는 울분   11

2 울분을 넘어 평정으로   23

3 보다 진지하고 성숙된 고민이 필요할 때   33

4 훈민정음에 '예조'란 한 터럭도 없다   43

5 한글, '자방고전'에 숨어 있는 그리메   53

6 협순이학의 마법, 한글 변용의 매력   69

차 례

우리 말글씨와 어우러진
한글과 漢字의 아름다운 동행

7 한국말만 해도 세계를 누비는 날   79

8 한글과 한자의 아름다운 동행   91

- 주요 참고자료 (발췌)   101

- 후기   105
  - 온 세상이 한국어로 말하고 글로 쓰는 나달을 꿈 그리며

- 표지 형상(形象) 안내   117

- 산강 창작 시가집 소개   121

권두시조

p. 7

韓字와 한글의 때늦은 결혼식
- 사실혼을 법률혼으로, 합환주를 따르며

수수 천년 바꿔가며 두 국문자 써온 세월
사실상 같이 살며 오만 정이 들었는데
남보다 더 남인 것처럼 서로 입을 다물었네

해와 달 밤낮처럼 두 글자를 다 쓰면야
음글 양글 어우러져 언어생활 더 풍요로워
구태여 아니라 하여 자기 마음 속일 땐가

이제는 제 것이라 떳떳이 말할 때다
사실혼의 두 문자에 결혼식을 올려주어
법률혼
부부문자로 선포
어디서든 다 쓰자.

〈2021. 3. 20. 춘분절〉

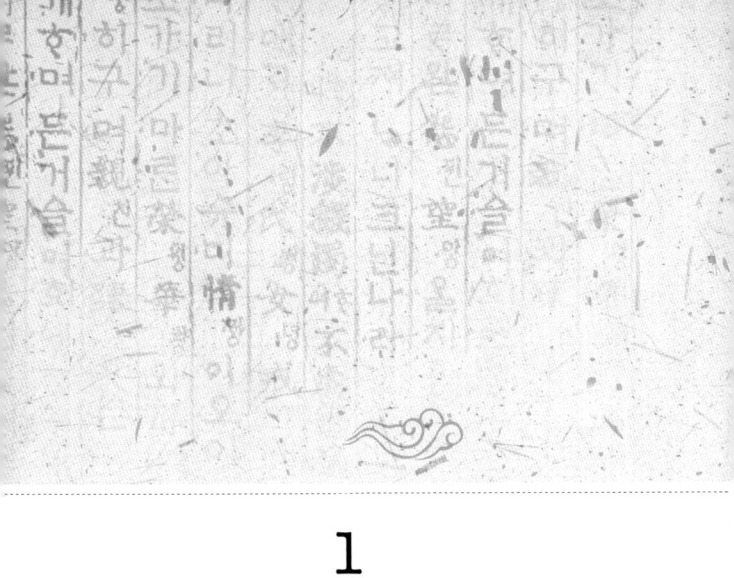

1

제 것을 제 것이라 하지 못하는 울분

p. 11

이순 중반을 넘어서는 이제는 이 무지렁이도 매사 그대로 받아들일 때가 많다. 그럼에도 이것은 아닌데 하는 일 하나가 상당한 세월 내 속을 툭툭 건드렸다. 한자의 정체성에 관한 문제다. 일반적으로 한자는 중국문자로 알려져 있다. 어떻게 남의 나라 문자라는 중국말이 그 수만 개 한자 하나하나마다 이른바 한국말 발음이 가능한지 의아했다. 틈나는 대로 관련 자료를 찾아보았다.

 자전字典에 한자의 발음방법을 두 개의 한자로 표기한 것을 '반절법'反切法이라 한다. 우선 자전의 원조라 할 수 있는 허신의 『설문해자』와 4만 9천여 자의 한자를 집대성한 『강희자전』에 대해 알아본다. 앞엣것은 1세기 중국 고대 한나라에서 9천여 자의 한자를 모아 편찬되었으며, 뒤엣것은 1716년 청나라 강희제의 하명으로 5년에 걸쳐 편찬된 대옥편이다. 한·중·일 세 나라는 동아시아 한자문화권의 대표국가라 할 수 있다. 이 두 문헌에 적힌 반절법으로 한자를 발음하면

거의 완벽하게 들어맞는 말은 우리 한국어라 한다. 일자일음(一字一音) 즉, 모든 한자의 글자 하나하나마다 발음 하나인 것은 한국어뿐이란다.

중국어는 글자 하나씩마다 둘 이상의 복모음으로 발음되는 것이 상당할 뿐만 아니라 심지어 『강희자전』에 있는 한자들 중에는 발음할 수 없어 무음으로 처리되는 것이 30% 정도라니 놀라지 않을 수 없다. 두 옥편은 이른바 예전 중국 왕조에서 만든 책이다. 그런데 왜 중국어로 완벽하게 발음되지 않을까. 더구나 요즈음 중국어 발음기호는 왜 제 나라 문자를 두고 1958년부터 영문자 알파벳으로 표기할까. 자기들 선조가 만들어 수천 년간 써오던 문자를 번자체라 하여 멀리 하고, 획수를 줄여 만든 간자체로 바꾸어 쓴다는 게 아이러니하다.

한자가 70% 정도를 차지하는 일본어도 반절법에 따른 일자일음의 발음이 온전치 않다. 또한 그들만의 약자체 한자를 사용한다. 한자는 4세기말쯤 백제 왕인박사가 일본에 전파했다. 한자에서 파생된 일본의 가나문자^{주1)}도 우리나라 구결문자에서 유래됐단다. 지난 2000년 일본 학자 고바야시 요시노리의 주장이다. 단재 신채호는 1924년 동아일보에 조선 고래의 문자를 논설하면서 구결이나 이두문이 조선에서 일본에 전해진 것이라 했다. 게다가 이두문은 설총 훨씬 이전인 기원전 10세기 무렵 이미 사용되었다고 한다. 이두와 구결은 한자의 음, 뜻 또는 획수를 빌려서 조사로나 우리말식으로 쓰던 문자다. 향찰이나 구결을 포함한 이두문은 범汎한자에 속한다고 볼 수 있다. 이처럼 우리 민족은 누천년 전부터 한자 활용의 편의를 위하여 이두문을 보완하여 써 왔다. 더구나 오늘날까지 한자의 원형을 거의 그대로 지키면서 정자체를 쓰고 있는 나라는 세 곳 중 한국뿐이다.

우리는 인류사 최고의 문자인 한글과 함께 한

주1) 일본 가나문자 : 일본 히로시마대학 명예교수인 고바야시 요시노리(小林芳規)는 일본 가타카나문자는 신라 구결(口訣)문자 각필(角筆)에서 유래하였다고 2000년부터 주장하였다.-조선일보(2016.4.20.) 등 참조. 단재 신채호는『조선상고사』에서 백제의 이두자로 일본의 가나를 지어주었다고 한다.-『조선상고사』216면 참조.

자를 자연스레 섞어 쓰는 민족이다. 이즈음 세계 최상의 한자전문사전이라 회자되는 『한한대사전』을 가진 문화민족이다. 전질 20권에 한자 6만여 자와 한자어 53만여 단어를 싣고 있단다. 여기에는 한자어의 약 20%가 오늘날 우리나라에서만 취급되는 것이라 한다. 단국대학교 동양학연구원에서 30여 년에 걸쳐 편찬하여 2008년에 간행되었다. 지금은 디지털화 작업이 한창인 걸로 알고 있다. 영국의 『옥스퍼드영어사전』처럼 세계인 누구나 인터넷으로 활용할 수 있는 온라인 한자대사전이 나오길 고대한다.

한자는 모양[形]·뜻[義]·소리[音] 3요소로 되어 있다. 이 3요소의 조화로운 활용은 우리말로 하는 한자 발음에서 잘 묻어난다. 예컨대 '호흡'[呼吸]을 우리말로 발음하면 날숨과 들숨이 그 문자 '呼'·'吸'과 어울리지만, 중국말이나 일본말로 발음[주2)]하면 그리 안 된다는 것이다. 이에는 『아

주2) '호흡'의 발음 : '呼吸'(호흡)의 중국어 발음 '후시'(hūxī)와 일본어 발음 '고큐우'(こきゅう)는 뒤 음절 '吸'(흡) 발음이 한국어와 달리 숨을 들이쉴 수가 없다.

시아 이상주의』『ASIAN MILLENARIANISM』의 저자 이홍범도 같은 취지의 발언을 한 바 있다.

 이쯤 되면 한자는 우리의 선조가 우리 생각과 발음에 알맞게 만든 문자라 할 수도 있겠다. 어찌 한자라는 타국문자를 빠짐없이 한국어로 발음할 수 있는지—나의 의구심에 대한 일단의 사유를 피력했다. 이밖에도 양식 있는 중국인들이 동이문자라고 인정하는 한자의 기원, 역사적 친연성 및 한글과의 상보성에 대해 살펴볼 까닭 등등이 많이 남아 있다. 집필의 계기가 길면 어줍다. 작금 좌우 양쪽 이웃나라 일본은 독도를 자기 땅[주3]이라 기성화旣成化하고, 중국은 영공 침범에다 산동지역에서 발굴된 우리의 홍산문명을 자기 역사로 마냥 각색하고 있다. 현행 자국 영토에서 발생한 유적은 남의 민족 것이라도 모두 자기 나라 역사라 하는데, 과거 자국 것이 아닌 역사적 사실이 함께 오도되어 버리니 통탄할

주3) 독도를 자기 땅 : 일본은 고교 1학년용 사회교과서 대부분에 내년부터 독도를 일본 고유의 영토로 명기한다고 공표했다. -연합뉴스 (2021.3.30.) 참조.

일이다. 이런 주변국 현실 앞에, 제 것을 제 것이라 하지 못하고 맥도 못 쓰는 이 나라의 묻혀진 여건에 더 울분한다.

문자에는 얼이 들어 있다. 그래도 문자가 살아있으면 얼비치는 새벽빛이 보인다. 한자는 한민족의 얼이 담긴 우리 문자라면 억측일까. 절로 내 집안 조상 대대로 전래된 보물같이 여겨진다. 울분을 시조로 달랜다.

한자의 고향

얼마나 긴 하세월을
남 문자로 살았던가

모양과 뜻 발음으로
그리 너를 얼렀는데

하마나
나를 반겨줄
고향길이 트일까.

〈2019.8.14.발표〉

미주(尾註)

가) 박석홍 교수의 한자 창제관

본편 재편집과정에서 경북전문대 박석홍 교수의 한자 관련 인터넷 강의자료를 새삼 보게 되었다. 한자가 우리 문자라는 내 생각이 틀리지 않았음을 확인하는 순간, 희열이 뇌리를 타고 내렸다. 아래에 그 부분을 인용한다. 2020.12.20.

- 후한(後漢)때, 동진(東晉) 사람인 허신(許慎)이 지은 『설문해자』(說文解字)에서 처음으로 한자들을 체계적으로 정리·분류·기술하였는데, 이 책에는 당시 사용된 9353자의 글자를 하나하나 설명하면서 한자의 구조 원리(6서의 원칙)를 밝혔다. 여기에서 매우 중요한 것은 한자의 발음이 모두 오늘날(예나 지금이나) 우리들이 사용하는 말인 한국어 발음(발음요소)으로 되어 있다는 사실이다.

그래서 한·중 양국의 언어학계와 고고학계에서는 우리 선조들인 동이족(東夷族)이 창제한 확실한 근거로 보고 있음이다. 이 얼마나 가슴 벅찬 일인가.-daum 블로그 2009.12.10. - "한자, 과연 중국글(漢字)인가? 아니면 우리글(韓字)인가?" 참조.

나) 이홍범 박사의 한자 창제관

역사학자이며 국제정치학자인 이홍범 박사는 세계정경학술협회 총재와 미국 오바마 행정부의 명예장관을 지냈다. 그는 한자가 우리 한민족의 문자라고 주장하면서 한자 문화권인 한중일 삼국에서 '출입'^{出入}이란 단어의 발음상 음가^{音價}를 예로 들어 설명하고 있다. 즉, 한국은 '出入'^{출입}이라고 발음하면 소리가 '출'에서 나가고 '입'에서 정확하게 들어오는 반면, 중국은 '추루'^{chūrì}로, 일본은 '슈쯔뉴우'^{しゅつにゅう}로 '출'과 '입'의 두 글자의 소리가 모두 나가는 음가를 가지고 있다는 것이다.

'중국어는 모음이 하나인 경우도 있지만, 복수모음이 많이 있다. 원래 하나의 발음은 하나의 글자로 표시되어야 한다. 그런데 중국어는 한 글자를 놓고 2~3번 발음하는 경우가 많다. 이와 같이 중국어에 복수모음이 있다는 것은 중국에서 한자를 만들지 않았다는 결정적인 증거이다. 따라서 원래 동이족이 사용하던 문자를 가져다가 자기네가 쓰면서 글자 하나를 놓고 자기네 말대로 2~3번 발음한 것으로 보면 될 것이다.'라고 했다.- naver, 대한사랑: K역사문화채널$^{2016.8.9.}$ - "한자는 우리 동이족이 만든 문자" 참조.

2

울분을 넘어 평정으로

p. 23

앞의 제1편 글월에서는 어떻게 한자라는 타국 문자를 한 자도 빠짐없이 한국말로 발음할 수 있는지 살펴보았다. 과거 중국 왕조에서 만든 주요 옥편 『설문해자』와 『강희자전』에 표기된 반절법_{反切法}에 따른 정확한 발음과 한자의 3요소(모양·뜻·소리)에 잘 어우러지는 발음은 한국말임을 밝혔다. 따라서 보통 알고 있는 상식과 달리, 한자는 중국문자라기보다 한국문자라는 게 더 타당하다고 말한 바 있다. 문자의 속성이나 기원을 살필 때는 현재의 국가 간 강역에 한정해서는 안 된다. 그 문자가 발생했던 시점을 고려해야 한다. 우리나라는 고대에 중국 산동지역을 비롯하여 동북삼성(요령성, 길림성, 흑룡강성)을 아우르는 광대한 영토에 걸친 대륙국가였던 시대가 있었다. 그때를 상정하면서 한자의 연원을 캐본다.

문명비평가 임어당을 비롯한 중국의 손문, 노신, 장개석, 낙빈기, 주은래, 양계초 등 양식 있는 학자와 정치인들은 한자를 동이족이 만든 문자라고 했단다. 동이의 개념은 시대와 관점에 따라 다르지만, 여기서는 우리민족을 대표적으로 지칭한다고 보겠다.

  어제오늘까지 한자의 기원은 1899년 중국 하남성 안양현 은허에서 발견된 '갑골문자'라고 했다. 이 은나라는 3천6백여 년 전 우리 동이족이 세운 나라라고 한다. 이에, 갑골문은 동이족이 만들어 쓰던 문자라 해도 어색하지 않다. 더구나 2008년에는 이보다 1천여 년이나 앞선 '골각문자'가 나왔다고 보도되었다. 중국 산동성 창락현 지역이다. 중국 산동대 류봉군劉鳳君 고고미술학연구소장은 이 골각문자로부터 발전된 형태가 갑골문자이며, 그곳이 옛날 동이족의 집단 거주 지역이라서 이를 '동이문자'라 하였다. 아마도 4천 수백 년 전쯤 그곳을 다스리던 우리의 배달국 후반기나 고조선 초기로서 언필칭 요하문명(홍산문화) 시대가 아닌가 싶다.

  신채호는 고조선 시대에 우리 민족은 이미 한자를 익혔으며, 단군왕검 때 태자 부루가 하나라를 세운 우에게 가르쳤다는 글이 한자였을 거라고 했다. 이외에도 환웅천황 때 신지 혁덕이 기록한 녹도문^{주4)}이나 남해 양아리 석각문자 따위가 태고의 한자로 추론된다.

한자의 원래 이름은 '서글'^{書契주5)}이라는 설이 있다. 『설문해자』, 『단군세기』 등에 나온다. 이맥이 지은 『태백일사』에는 환웅천황이 신지 혁덕에게 명하여 서글을 만들었다고 한다. 혹자는 우리가 보통 쓰고 있는 '한자'^{漢字}의 '한'은 중국 '漢'^한나라에서 따왔다고 한다. 그에 반해 서글은 우리 '韓'^한민족의 글이라 하여 '한자'^{韓字}라고 쓰는 이도 있다.

훈민정음 해례본에는 한자를 '정음'^{발음}의 본체인 '문자'라 하여 당시의 국문자로 인정하였다. 현행 국어기본법에는 한글은 한국어 고유문자라고 하였으나, 한자에 대해서는 명시적인 규정

주4) 녹도문 : 어쩌다 신지 혁덕의 녹도문을 가림토문자의 태고문자로 보는 이도 있다.
주5) 서글 : '서글'의 한자어를 '書玥'이라고 쓰는 이도 있다.

이 없다. 한국어는 고유어와 70% 이상의 한자어 및 기타 차용어로 되어 있다. 이 한자어에는 우리나라에서만 쓰는 고유 한자어도 상당하다. 이처럼 한자는 우리의 소중한 문화자산이다.

한자는 서글, 진서, 문자 등으로 불리며 쓰여오다가 1446년 반포된 훈민정음(한글)과 함께 서로 음양의 조화를 이루면서 오늘날까지 잘 활용되고 있다. 이제 한글전용과 한자병용의 소모적 논쟁은 넘어서야 한다. 두 가지 문자의 장점을 살려 쓴다면 한국어의 활용여력은 무한할 것이다.

2006년~2015년 중에는 경제협력개발기구가 3년마다 실시한 15세 이상 여러 나라 학생 대상 국제학업성취도평가^{PISA}가 있었다. 한국 학생의 문해력$^{文解力, Literacy}$은 상위권이긴 하나 갈수록 떨어졌다고 한다. 초·중등학교 한자교육 선택과목 편성에 대한 2016년 헌법재판소 결정문 중 재판관 반대의견에는 한자의 우수성과 효율성이 잘 나타나 있다. 한자에 의한 이해력 증진은 물론 사고력·창의력 함양 및 한자의 풍부한 조어력과 함축성을 높이 샀다. 아울러 한자는 수천 년간 우리말을 표현해 왔으며, 우리민족의 역사와 전통, 문화와 사상을 담아내는 도구라 했다.

한겨레의 기나긴 발자취 속에 한자는 시종 고락을 함께해왔다. 동이문자, 적어도 동방문자라고도 불리는 한자를 이만하면 우리 것이라 해도 되지 않나 싶다. 우리는 표음문자^{表音文字}인 한글과 표어문자^{表語文字}(뜻글자 및 소리글자)인 한자를 모두 가졌다. 풍부한 감성과 예리한 이성을 자유자재로 그려낼 수 있는 말과 글을 가진 민족이다. 갑골문자를 한자의 시초라고 보더라도, 한나라보다 1천 년 이전의 은나라 때의 문자로 알려졌으니 굳이 써야 한다면 한자^{漢字}라는 말보다 은문^{殷文}이나 은자^{殷字}라는 말이 더 적정할 수도 있겠다. 더구나 은나라는 동이족이 세운 나라라 하니, 이래저래 한자는 우리 글자라 하겠다. 이제 울분을 넘어 평정을 찾을 때다. 시조로 읊는다.

동이문자

사실이 무엇일까

반만년이 흘렀는데

갑골에다 골각에다
그제서야 보인 뜻은

참말로
뉘 문자인지
임어당이 한 그 말.

〈2019.8.20.발표〉

미주(尾註)

다) 한자의 기원에 관한 일화

한국 사람 대부분이 한글은 우리가 만들었고, 한자는 중국에서 만든 문자로 알고 있다. 어떤 한글전용론자는 '한자는 중국의 한족(漢族)이 만든 것이며 우리가 BC 3세기경부터 차용한 것이다.'라면서 동이족이 한자를 만들었다는 학설 자체를 부정하고 있다. 과연 그럴까? 한자의 기원에 대한 두 가지 일화를 소개한다.

① 해방 후 대한민국의 초대 문교부장관을 지낸 안호상 박사가 재직시 중국의 문호이며 평론가인 임어당(林語堂) 선생을 만나 여담으로 "중국이 한자를 만들어 놓아 한자를 사용하는 우리나라까지 문제가 많다."고 하자, 임어당 선생은 "그게 무슨 말입니까? 한자는 당신네 조상인 동이족이 만든 문자인데 그것도 모르고 있소?"라는 핀잔을 들었다고 한다.

② 한글재단 이사장을 지낸 한갑수 선생이 미국 공군 지휘참모대학에 입교했을 때, 같은 입학생인 대만학자 서량지(徐亮之) 박사가 찾아와 말했다. "한민족은 우리 중국보다 더 오래된 역사를 가진 위

대한 민족으로서 문자를 창제한 민족인데, 우리 중국인이 한민족의 역사가 기록된 『포박자』『抱朴子』를 감추고 중국역사로 조작하는 큰 잘못을 저질렀으므로 본인이 학자적 양심으로 중국인을 대표하여 사죄하는 뜻으로 절을 하겠습니다. 받아주십시오."라 하고는 한국식으로 넙죽 큰 절을 올렸다고 한다.

서량지 박사는 중국내 금서禁書가 된 자신의 저서 『중국사전사화』『中國史前史話』를 통해 중국 고대사를 동이족의 것으로 인정한 학자이다.- naver, 대한사랑: K역사문화채널^{2016.8.9.}- "한자는 우리 동이족이 만든 문자" 참조.

3

보다 진지하고 성숙된 고민이 필요할 때

p. 33

우리는 흔히 대개 어릴 때 알게 된 일은 사실로 믿고 지낸다. 저간의 문제적 고위 공직 후보자의 자기변명 투의 이기적 편향은 도를 넘었지만, 내 생각이 틀릴 수도 있다는 마음가짐이 필요하다. 근대까지 수수 천년 우리 국문자의 자리를 지켜온 한자는 누가 만든 문자인가. 오래된 문자일수록 단독 창제설은 납득이 잘 안 된다. 외려 여러 사람을 거쳐 만들어졌다는 게 더 수긍이 가지 않나 싶다.

"누구는 어느 분야 처음이요 무엇은 어느 부문 최초라지만 막상 뚜껑을 열고 보면 처음 아닌 게 없다 중국 창힐의 갑골문자보다 천 년이나 앞선 신지의 골각문자가 이 시대 동이족의 땅 산동에서 발견되고……" 2008년 골각문자 발견 보도를 보고, 그때 지은 나의 산문시 〈이 세상 모두가 처음 아닌 게 없다〉의 일부다. 시적 상상력이긴 하지만, 당시 나는 은연중에 창힐을 한자의 뿌리라는 갑골문자와 연결시켰다. 『삼성기』나 『태백일사』에는 창힐이 배달국에서 글을 받아 배웠다고 한다. 배달국 초기 신지 혁덕이 한자(서글^{書契})를 만들었다면 훨씬 뒤에 태어난 창힐이 배웠다는 건 사리에 맞다. 이처럼 유서 깊은 고문자일수록 사용 시대와 주체에 따라 창제자가 달리 알려질 수도 있겠다.

앞의 1편과 2편에 걸쳐 쓴 글월에서 나는 한자를 우리 한민족이 만든 문자라고 추단했다. 우리말의 보다 정확한 한자발음, 골각문이 발견된 지역, 중국측 석학들의 인정 등등을 그 사유로 들었다. 창힐이 동이족이라는 설도 있으니 이래저래 태고한자는 우리 겨레의 작품이라 할 수 있겠다.

중국 문자학자 낙빈기는 금문^{金文} 연구에서 4천5백 년 전쯤의 중국 대륙상고사는 동이족의 역사이며 문자는 동이족이 만들었다고 했단다. '금문'은 청동기에 새겨진 문자다. 1988년 발간된 그의 저서 『금문신고』(8백 부)는 중국당국의 금서로 정해져 회수됐다고 한다. 20세기 들어 중국 문호 노신이 한자망국론을 편 이후, 중국에서는 이른바 그들의 나랏글이 어렵다 하여 간체자로 바꾸어 쓰고 있다. 간자체는 한자의 대표적 속성인 상형성을 벗어나기 쉽상이다. 이처럼 오늘날 중문사회^{中文社會}에는 원래 누천년간 써오던 한자가 번체자라 하여 폐기상태에 이르렀으니 자못 역설적이다.

우리는 쉬이 배워 쓸 수 있는 구어체 문자인 한글이 있으며 아울러 우리 한자는 엄연히 살아 있다. 문어체 문자인 한자는 나름의 장점을 살려 '병기'^{倂記}하는 경우와 같이 필요시 보완적으로 쓰면 된다. 이처럼 한자는 우리 언어표현에 조화롭게 기능한다.

우리는 한때 한겨레 혼백인 말과 글을 다 잃을 뻔했다. 국어, 국문이라는 말도 쓸 수 없었다. 일제강점기 초반, 캐나다인 선교사 제임스 게일[주6]은 한국인이 쓰는 한문은 중국인이 쓰는

주6) 제임스 게일(James Scarth Gale) : 게일은 캐나다인 선교사로서 1888년부터 40년간 한국에 체류하면서 한국 역사와 한국문화를 사랑하여 서양에 알린 공로가 크다. 최초의 『한영사전』(원명:『한영자전』)을 발행하였고, 한국에서 간행되던 영문 잡지에 한글 가곡집 『남훈태평가』 게재 시조들을 영역하였다.
또한 역사서 『동국통감』과 『구운몽』이나 한문 고전 영역 등 한글과 한자분야에 두루 조예가 깊었다. - 한국학중앙연구원 공식 블로그 (2021. 2. 16.)- "국제한국학의 시초, 외국인 한국학자 제임스 게일을 만나다." 참조.

한문과 다르다고 했다. 한글발전에 이바지한 그는 또한 우리의 한문학을 높이 샀던 한자옹호론자였다. 미국인 여류 동양미술사학자 존 코벨은 1980년대 칼럼에서, 한국으로부터 문자를 전수받은 일본이 일제 때 되레 일본어를 쓰도록 강요했던 그 만행을 규탄했다.

이즈음 주변 강국들이 사방에서 우리를 아프게 한다. 바로 무역·영토 전쟁에다 역사·문화 전쟁이다. 정부는 냉철하게 안보외교와 경제를 챙기고, 국민은 혼줄을 단단히 다잡아야겠다. 말은 그 화자나 민족의 얼이며, 문자는 그 얼을 담아 표현하는 질그릇과 같다. 질그릇이 깨지지 않도록 갈무리할 때 역사와 문화를 지킬 수 있다. 한자는 우리가 만든 자랑스러운 문자다. 2008년 유럽 한국학 선구자 마르티나 도이힐러가 한 말은 지금도 유효하다. '한국의 젊은 세대들이 한자공부를 열심히 하지 않아 몹시 안타깝다. 한글이 우수한 글자임에는 틀림없지만, 한국의 전통문화가 담긴 한자공부를 병행할 때 한

글의 우수성도 더욱 빛날 수 있다.'

 제 것을 제 것이라 하지 못할 때 우리는 울분한다. 『실용대옥편』의 편찬자 장삼식은 그 서문에 '한문자는 음운과 의훈 내지 강독법까지 중국과 같지 않다. 역사적으로 한국적인 한문자가 따로 존재할 수 있다 하여도 망론이 되지 않는다.'라는 취지로 썼다. 백번을 양보하여도 우리가 우리식으로 읽고 쓰는 한자는 한국문자[주7]다. 한자를 익혀 쓰기가 어렵다 하여 무조건 배척할 일이 아니다. 순수 한글 고유어만으로는 언어생활이 잘 되지 않는다. 그러면 15세기 훈민정음 반포 이전의 우리의 정신문화는 멀어질 수 있다.

주7) 한자는 한국문자 : 장삼식 선생이 우리가 쓰는 한자를 '한국적인 한문자'라고 한 것은 완곡한 표현이다. 현재 영국에서 쓰는 알파벳문자를 '영문자'(영국어:英國語)라고 하지, 로마에서 연원하였다고 하여 '이탈리아 문자'라고 하지 않는다.
이에 비해, 현재 한국에서 쓰는 한자는 그 발생연원으로 보아도 중국 화하족(지나족, 한족)이 아닌 우리의 조상인 동이족이 만들었고, 우리 한민족이 정자체를 지켜가면서 우리식으로 읽고 쓰고 있기에 의당 '한국문자'라고 불러도 무방하다고 본다.

이제 제 것을 제 것이라 당당히 말할 수 있어야 한다. 차분하고 진지하게 돌아봐야 할 때다. 시방도 한자는 우리 곁에서 펄떡펄떡 숨을 쉬고 있다. 잘 견뎌왔다, 그대여! 우리나라 유일의 전통 정형시인 '時調'^{시조}도 우리말 한자어다. 단시조 한 수 올린다.

서글의 말

어이하여 긴긴 나달
밖으로만 돌았을까

오천여 년 지나설랑
이제 저를 찾아주니

나도야
마음 다잡고
자리 맞춰 앉겠다.

〈2019.9.3.발표〉

[미주(尾註)]

라) 우리가 우리식으로 읽고 쓰는 한자란 무엇인가

이 말은 중국식 간자체나 일본식 약자체가 아닌 정자체를 말한다. 앞 1, 2편에서 언급한 '반절법'^{反切法}에 따라 쓰고 읽는 한자를 말한다. 反切法^{반절법}은 개별 한자의 독음을 표시하는 가장 대표적인 방법이며, 두 개의 한자로 표기한다.

예컨대 '東'^동자의 반절법 표기는 '德紅切'^{덕홍절}인데, '德紅'^{덕홍} 이 두 글자가 독음용 반절음이며, '切'^절은 모든 반절법 표기에 마지막 같이 쓰는 발음부호로 간주한다. '德紅'^{덕홍} 두 개의 한자 가운데, 앞글자 '德'^덕자에서 초성 'ㄷ'을 취하고, 뒷글자 '紅'^홍자에서 중성 'ㅗ'와 종성 'ㅇ'을 취하여 합치면 '동'^東으로 독음된다. 이 독음법으로 읽게 되면 우리가 사용하는 한국말과 일치하니 정자체 한자가 곧 우리 문자임이 자명해진다.

이 밖에도 한자독음법에는 독약법^{讀若法}과 직음법^{直音法}이 있다고 한다.

4

훈민정음에
'예조'란 한 터럭도 없다

p. 43

4. 훈민정음에 '예조'란 한 터럭도 없다

우리나라 사람들이 일상생활에서 늘 함께하면서도 잘 모르고 지내는 게 있다. 바로 '한글'의 품격이다. 명색이 이 나라 글쟁이랍시고 우리 시가를 수월찮이 지어왔지만 한글의 참된 값어치를 지나친 지 오래 같다. 틀림없이 아귀가 딱 들어맞는 시어, 그것도 문득 순 한글 토속어가 떠올라 낚아챌 때의 기쁨이란 이루 말할 수 없다. 분초를 다투는 이 급변 세상에, 한순간 온몸을 타고내리는 카타르시스는 곧 한글 때문이란 걸 근년에야 새삼 더 깨닫는다.

한글의 본이름인 '훈민정음'의 위대성을 나는 1446년 반포 당시 정인지의 말을 빌려 이 글 제목에 넣어보았다. 그는 『훈민정음해례본』 서문에서 '예조'라는 낯선 낱말을 역이용하여 우리 언어생활과 정음의 완벽한 조화를 표현했다. 예조는 방예원조^{方枘圓鑿}의 준말로서 사물이 서로 맞지 않음을 말한다. 훈민정음 28자면 우리말뿐 아니라 세계 어느 나라 말이라도 거의 다 써낼 수 있으니 예조란 아예 발붙일 틈이 없다.

요즘 세계 언어[주8]는 6천여 가지, 사용되는 문자는 70가지쯤이라고 한다. 특히, 한글에 대해서는 각국 언어학자들이 마치 칭송경쟁이라도 벌이듯 인류 최고의 문자라 한다. 언제쯤인가 이 뜨고 있는 한글의 전신, 그 훈민정음이 어찌어찌하여 내게 궁금증을 싣고 다가왔다. 2008년에 새로 알려진 『훈민정음해례본』(상주본)의 분쟁 보도나 훈민정음 창제원리 강의를 듣게들 되면서 더욱 가까워진 것 같다. 국립한글박물관을 다시 찾거나 영화 "말모이"나 "나랏말싸미"도 감상하게 된다. 드디어 기존하던 『훈민정음해례본』(간송본:안동본)을 직접 읽어보고서야 이 국보와의 뒤늦은 만남을 적이 자탄하였다.

우선 그 자모 속에는 인류의 원초적 고향의식이 깔려 있어 나절로 무릎을 쳤다. 고향처럼 정

주8) 요즘 세계 언어 : 인류가 사용하는 언어(말)나 문자(글)의 종류는 학자나 연구단체, 연구시기에 따라 다를 수밖에 없다. 때와 곳에 따라 생멸하는 것이 언어의 한 속성이기 때문이다. 언어는 약 3,000~7,000종, 문자는 약100~300종으로 다양하게 전해진다. 영국에서 운용하는 옴니글로트(Omniglot)라는 사이트에는 전 세계 문자는 138종인데, 작금 사용되는 문자는 66종이라고 한다.- blog.daum.net(2013.10.15.)- "한글과 세계 문자의 종류" 참조.

겨운 문자가 곧 한글이라고 느낄 때까지 그리 오래 걸리지 않았다. 우리는 사람이 죽으면 흔히 돌아갔다고 한다. 어디로 가는가. 태어나기 전에 살던 곳, 이를테면 저 하늘로, 북두칠성 같은 별자리로 돌아간다고 풍속으로 들어 왔다. 그 이름이 천국이든 극락이든 대라천이든 저 대우주$^{\text{great universe}}$라는 고향하늘의 일원으로 다시 돌아갈 수 있기에 이 삶도 그저 평안케 지낸다.

예로부터 우리 민족은 고인돌이나 무덤에다 별자리, 즉 천문도를 수도 없이 그렸다. 그중 평안도 덕화리 2호 고분의 천장에 그려진 28수 고구려천문도가 있다. 동양에서는 하늘을 크게 28개의 별자리로 나누어 관측하기도 했다. 훈민정음 28자는 바로 이 28수 천문도를 바탕으로 하여 탄생되었다. 한글로 세상의 모든 소리를 다 쓸 수 있다는 건 어쩌면 당연하다고 하겠다. 한글은 하늘이라는 대우주에서 태어난 글자이기에 그 품안의 삼라만상에서 나는 모든 소리와 일심동체이기 때문이다.

다음으로, 자모를 만들 때의 한 치의 허점도 없는 정교한 논리에 놀라지 않을 수 없었다. 가령 자음에서 소리가 거세짐에 따라 가획할 경우를 보자. 가로 선을 하나 더 그을 것인지(사례: ㄷ→ㅌ), 아니면 가운데 점을 하나 더 찍을 것인지(사례: ㅈ→ㅊ)에 이르기까지 세심한 고려를 했다는 점이다. 이는 그 자모가 천문도의 배속 영역에서 음도(ㅌ)냐 양도(ㅊ)냐에 따라 달리한 것이다. 가획 '가운데 점'(·)은 하늘이며 양도^{陽道}에 해당되고, 가획 '가로 선'(ㅡ)은 땅이며 음도^{陰道}에 해당되기 때문이다. 이것만 보아도 한글은 세종이 주도면밀하게 창제한 완벽체 글자임을 알 수 있다. 11자의 모음과 17자의 자음의 배열 순서에도 지금과 달리 하도낙서[주9)]와 음양오행의 순행원리가 들어있다. 심지어 말소리에는 사성^{四聲}과 청탁까지 섬세히 그려졌다. 정인지의 표

주9) 하도낙서 : 이는 동양천문도로서 오행성과 해와 달의 운행을 나타낸다고 한다. '하도'(河圖)는 5천5백여 년 전 태호복희씨로부터 비롯되었으며, 우주만물의 생성원리가 들어있는데 선천팔괘(先天八卦)라고 한다. '낙서'(洛書)는 3천여 년 전 주 문왕으로부터 비롯되었으며, 우주만물의 변화원리가 들어있는데 후천팔괘(後天八卦)라고 한다. 역학의 기초이며 태극과 팔괘의 효시라 한다.- 유튜브방송: 한문화 특강 (2016.4.16.)-반재원 강의-"훈민정음의 창제원리와 동양천문도와의 상관성" 참조.

4. 훈민정음에 '예조'란 한 터럭도 없다 … 49

현대로 '천지만물의 이치가 모두 갖추어질 만큼 정음 28자의 쓰임새는 신령스럽다.'

　이제 저 하늘에 계신 세종이 엷은 미소라도 짓지 않을까 싶다. 어이하여 한글이 탄생된 지 6백 년이 다 되어가는 이즘에야 반재원 훈민정음연구소장이 대왕의 웅숭깊은 뜻을 풀었을까. 천문도에 따른 우주과학적 문자 창제는 절로 사람들을 근원적 고향의식에 잠기게 한다. 세종의 애민과 홍익정신 같은 감동 덩어리가 연이어 곁을 감싼다. 15세기 창제 당시 유학자들의 극심한 저항 속에 터를 닦고, 5백 년 간의 긴긴 곡절 끝에 전형필이 당시 기와집 11채 값을 지불, 구입하여 전해온 『훈민정음해례본』! 1940년 발견, 1997년 유네스코 세계기록유산으로 등재된 전무후무한 책 무가지보無價之寶! 그 숭고한 품격 어디에 예조가 끼어들 수라도 있겠는가. 잘 견뎌왔다. 이제 물때가 온다. 누백년간의 참을성이 빛을 발할 때가 다가왔다. 단시조로 읊는다.

정음 28자

저 하늘의 별빛 받아
알알이 영근 자모열매

오백여 년 바람 속에
넷은 점차 사라졌어

세계화
갖은 말들이
다시 오라 보챈다.

〈2019.9.25. 발표〉

미주(尾註)

마) 세종 이도와 전형필 그리고 반재원의 삼위일체

이 세 분의 필연적 만남은 반천 년의 시공을 초월한 극적인 사례. 한민족 얼의 표상인 우리말·우리글에 대한 진정한 사랑과 집념에 의한 만남이요, 그 만남의 완전한 결정체라 하겠다. 세종대왕은 단지 애민성군愛民聖君만이 아니었다. 눈병이 나서 초정약수터를 찾아 갈 때도 훈민정음 연구 보따리를 챙겨 갈 만큼 당대 최고로 공부하는 학자였으며, 탁월한 언어학자(음운학자·문자학자)였다. 천문대를 30여 번이나 행차하면서 칠정산내편이라는 우리 고유의 달력(본국력)을 만들도록 할 만큼 천문학의 대가였다.

1443년에 창제하여 3년 뒤인 1446년에 반포하기까지, 최만리 등 집현전 학사들의 극렬한 반대에도 불구하고 이룩한 훈민정음 창제는 거룩한 문자혁명이었다. 『훈민정음해례본』은 몇 서책을 만들었는지 모르지만, 정음청 같은 데에 배포한 내부용이었을 거라고 한다. 이 중의 한 서책이 어찌저찌 민간에서 비밀히 보존되어 오다가 5백 년이 지나 간송 전형필 선생의 품안에 들어온 것은 기적이었다. 그 후 약 6,7십 년 뒤인 이 시대에 국학박사 반재원 선생이 훈민정음에 동양천문도의 원리가 들어 있음을 밝힌 것이다. 혹독한 인고의 세월을 딛고 피어난 꽃은 우담바라보다 더 아름답고, 만리향보다 더 내음이 짙게 퍼진다. 이 세 분의 공로는 앞으로 한글의 세계화에 실려 한층 더 빛날 것이다. 우리는 천문문화를 타고난 천문민족으로서 세계유일의 『천부경』을 전수받은 천손민족이라 하겠다.

문화재 수집·보존·연구가인 전형필 선생이 이 『훈민정음해례본』(원본:간송본:안동본)을 구입한 일화는 전설처럼 회자된다. 1940년 안동에 이 『훈민정음해례본』이 있다는 소식을 듣고, 국어학자 김태준을 통하여 보유자 이용준으로부터 1943년 거금 1만1천원(현가 200억 원 수준)에 구입하였다고 한다. 그 후 1946년 조선어학회를 통하여 영인본을 제작, 배포하여 다른 이와 공유한 공로는 필설로 다할 수 없다.

한글학자 외솔 최현배 선생은 발견 소식을 듣고, "하늘이 한글의 운을 돌보시고 복 주신 것"이라면서 "아! 반갑도다! 훈민정음 원본의 나타남이여!"라고 외쳤다고 한다. 동감이다. 상주본도 공개되고, 어디선가 완벽한 새 해례본이 나오기를 고대해본다.-경향신문[2019.11.5.] 기사 참조.

5

한글, '자방고전'에 숨어 있는 그리메

p. 53

한글은 옛글자를 모방했다면서 왜 창제라 할까. 세종대왕이 만들었다는 한글을 새삼 궁리궁리하면서 우리 문자의 비망록을 정탐해본다. 한글의 원이름은 훈민정음이다. 1940년 안동에서 『훈민정음해례본』이 발견되기 전까지는 문살 착상설, 파스파문자 기원설 같은 20여 가지의 창제설이 있었다. 그 해례본 정인지 서문에 '자방고전'^{字倣古篆}이라는 성어가 나온다. 즉 '옛글자를 모방했다'는 말이다. 최만리의 훈민정음 반대상소문에도 '본고자'^{本古字}라 하여 비슷한 말이 나온다. 여기서 '古篆=古字'$^{고전=고자}$라고 볼 때, 그 '옛글자'가 무엇인지 궁금하다.

한자 전서^{篆書}의 획을 땄다는 주장 따위는 이미 설득력을 잃었다. 해례본에는 천지인 삼극원리와 조음기관 모방 창제설이 명쾌히 나와 있다. 한데 옛글자를 본떴다니 희한하다. 나는 앞의 한자 관련 글월에서 문자 단독창제설[주10]에 관하여

주10) 문자 단독창제설 : 앞의 제3편에는 "오래된 문자일수록 단독창제설은 납득이 잘 안 된다. 외려 여러 사람을 거쳐 만들어졌다는 게 더 수긍이 가지 않나 싶다."라고 되어 있다.

언급했다. 아무리 문자 창제를 주도한 어떤 한 사람을 단독대표로 내세웠을지라도, 홀로 무에서 유를 만든 게 아니라, 기왕 세대의 제반자료를 참작했을 거라는 의미였다. 일반 세상이치상 합리적인 생각의 일단이다.

 1443년 한글 창제 당시에도 한자나 이두 외에 세칭 '언문'諺文이라는 글자가 있었다고 한다. 이듬해 올린 최만리의 상소문에는 그전 왕조부터 있었던 것을 빌려 쓴 것이 언문이라 했다. 18세기 신경준의 『언서운해』에도 예부터 세속에서 쓰던 글자가 있었다고 한다. 그런데, 최만리 뿐 아니라 훈민정음 반포 80여 년 후에 나온 최세진의 『훈몽자회』에는 언문을 27자라 하였다. 이를 근거로 훈민정음 창제 이전에 이미 민간에는 27자의 언문이 쓰였다고 하는 이도 있다. 박학다식한 불세출의 성군 세종이 이에 1자를 더하여 동양천문도와 음양오행에 터 잡고, 삼재지도 및 발성기관을 본떠서 28자 훈민정음을 창조적·체계적으로 정립하였다고 보기도 한다.

언문은 이를테면 세종 이전의 원시한글이었던 셈이다. 이 언문을 태고로 더 거슬러 올라가면 옛글자가 나올 것이다. 최태영은 『한국 고대사를 생각한다』에서 이를 가림토^{加臨土}문자라 하였다. 훈민정음연구가 반재원도 확언했다. 세종이 제왕의 지위에서 당시보다 약 70년 전의 기록인 고려 말 이암의 『단군세기』에 나오는 가림토문자를 보았을 거라 했다. 물론 그저 동북방 기마문화 속에 퍼져있던 소리문자라 한 이도 있다.

근 수십 년간 화제가 되어온 한글의 모태글자 가림토. 근조선 중엽 이맥의 『태백일사』에는 가림다^{加臨多}라고 나온다. 여기에 -'토'나 -'다'나 모두 '땅'이란 뜻이란다. '가림'은 '가리다'(→분별, 선택)에서 나온 말이라 하니, 가림토문자는 우리말을 분별·선택하여 쓰는 이 땅의 글자라고 새겨본다. 위 두 책에 실린 가림토 38자는 약 4천2백 년 전 고조선 3세 가륵단군이 삼랑 을보륵에게 명하여 지었다고 한다. 사서 인용자료 해석에는 보다 폭넓고 열린 자세가 필요하다고 본다. 자기가 쌓아온 아성^{牙城}과 다르다고 하여 단순히 배척할 일만은 아니다. 지금의 여느 성서라는 것도 오랜 세월 속에 첨삭을 거쳐 이루어진 것이다.

고조선에 언문, 언자 같은 고유어가 있었다고 하나, 남아 있는 문물이 빈약하여 아쉬울 뿐이다. 가림토를 언문이라고 볼 때, 당시 문자생활에서는 이두나 한자에 비해 상대적으로 활용되지 못한 것 같다. 신채호는 상고시절 이두가 국문의 지위에 있었다고 한다. 잃어버린 저 북방 드넓은 옛 땅에 묻혀있을지도 모르는 고적·유물을 직접 발굴할 수가 없으니 더 안타깝다. 가림토문자로 추정되는 고비로는 경남 산청 단속사터 비석(1995년 발견)과 경북 경산 명마산 암각비(2003년 발견) 등이 있다.

1930년대 만주 탁본 고문자는 돌궐문자라고 하여 제쳐둘 일만은 아닌 것 같다. 상고시대 한민족의 이합집산 과정에서 갈라진 종족이나 언어를 단순히 이민족의 문자라고 하여 저어할 일만은 아닐 것이다. 멀고먼 동방 고구려 땅에 서있는 돌 궐비, 가림토와 유사한 그 비의 글자체들은 민족 간 언어의 계통적 영향관계를 살피게 한다.

 2019년 여름쯤 일본 DHC 방송에서는 일본인이 한글을 통일시켰다는 혐한 보도가 있었다. 이른바 일본의 고대문자[주11]에서 훈민정음이 나왔다는 것인데, 최태영은 가림토의 변형이 그 고대문자(수진전 문자)임을 논문으로 입증하였다. 현행 인도 구자라트 문자는 한글과 흡사하다. 2019년에는 인도 남부 타밀지방 언어가 우리말과 발음이 같거나 아주 유사한 것이 몇몇 유튜브방송으로 알려지기도 했다. 이를 가야 건국 때 인도에서 김수로왕에게 시집 온 허황옥 왕후가 쓰던 말이 퍼진 거라고 한 어느 유튜버의 견해는 좀 단편적이라고 본다.

주11) 일본의 고대문자 : 일본의 고문자를 신대(神代)문자라고 하는데, 가림토문자를 닮았다. 일본의 언어학자 고교 기요히코((吾鄕淸彦)는 처음에 서기 708년도 유물인 신대문자가 한참 후에 나온 훈민정음을 낳았다고 주장했다. 그 후 『환단고기』를 보게 되어 거기에 신대문자의 원형인 원시한글이 수록되어 있다면서 처음의 주장을 철회했다고 한다.- naver 블로그(2020.10.6.)-"어이무사의 게으른 공부방" 참조.

그보다 아주 오래오래 전, 지금의 중앙아시아 파미르고원, 천산산맥, 알타이산맥 같은 저변에서 발원한 동방민족(동이족)의 사방팔방 분산 이동에 따른 언어 전파의 잔영일 수도 있을 것 같다. 이처럼 38자 가림토문자는 누천년에 걸쳐 내려오면서 여러 동방문자에 영향을 미치지 않았다고 단정할 수 없다. 구태여 우리 한글이 중심이 되어 전 세계에 퍼졌다고 고집하고 싶지는 않다. 어쨌든 오늘날 한글은 세계 언어학자가 최고의 문자로 인정하는 만큼, 우주론적이고 과학적인 언어로 전개되면서 엄연히 살아온 것은 사실이 아닌가.

결론컨대, 훈민정음은 가림토에서 글자의 꼴만 빌렸을 뿐 28자모 각각의 목숨은 세종이 불어넣은 거였다. 창제원리는 그의 독창적 이론이었으며, 창제작업도 그의 주도 아래 세자(문종)·수양·안평 등 왕자들이나 정의 공주와 같은 소수 측근의 참여로 이뤄졌다. 사실상 세종의 단독 창제가 통설이다. 정인지가 설의했다. '전하

한 분의 사적인 업적이 아니라고 하겠는가.'[주12)]
시조로 찬한다.

주12) 전하 한 분의 사적인 업적이 아니라고 하겠는가 : 원문은 非人爲之私也(비인위지사야)이다. 그 앞 문장에 '우리 전하께서는 하늘이 낳으신 성인으로서 제도를 펼치심이 백대의 제왕보다 뛰어나시다'고 되어 있다. 이는 정인지 등 8인 집현전 학사들의 의례적 경어문이 아니라 세종대왕의 훈민정음 친제(親制)에 대한 지극한 존경심의 표현이라고 본다. 이에 대한 원문은 殿下 天縱之聖 制度施爲超越百王(전하 천종지성 제도시위초월백왕)이다.
세종대왕의 〈훈민정음단독창제설〉은 친제(親制)(세종실록, 1443년), 어제(御製)(언해본, 1459년), 신제(新制)(해례본 어제서문, 1446년), 창제(創制)(해례본 정인지 서문, 1446년) 같은 용어들에서 더 명확해진다. 참고로, 창제 반대상소문을 올린 이들은 집현전 실무를 총괄하는 부제학 최만리를 비롯한 원로급 주류 학사 7인이었다.

가림토 언문

옛날 옛적 저잣거리
아사달에서 말하던 글

잊힐 듯 사라질 듯
명맥마저 끊겨 가다

어둠 속
반딧불이로
세종에게 불 밝혔네.

〈2019.9.30.발표〉

미주(尾註)

바) 만주 탁본 고문자의 돌궐문자설에 관하여

1994년 12월 28일에 문화일보는 '잃어버린 고대문자' 가림토문자 비석이 만주에서 발견되었다고 하면서, 높이 2m, 너비 32cm의 탁본 한 점을 공개했다. 이는 사회학자였던 서울대학교 이상백 교수가 학생 시절이었던 1930년대에 만주 경박호 부근에서 직접 탁본한 것이다. 그런데, KBS 역사스페셜 42회[2011.12.15.] "한글은 집현전에서 만들지 않았다" 편에 출연한 동아시아 고문자연구가 송기중 교수는 이 문자가 돌궐문자라고 밝혔고, 이에 대한 후속 연구나 사실 취재가 더 이상 이루어지지 않고 있다.

그런데 이것이 설사 돌궐문자라 하더라도 가림토문자와의 연관성을 완전히 배제하는 자세는 바람직하지 않은 것 같다. 가림토문자 창제 후 2천8백여 년이 지나 사용된 돌궐문자가 도리어 가림토의 영향을 받았을지도 모르기 때문이다. 고조선 초기 대륙 동북방에 광대한 강역을 차지했다가 그 후손들이 여러 국가별 종족으로 분화되는 과정에서 언어도 서로 영향을 미치면서 각기 변화되었을 것이다. 돌궐문자, 몽고 파스파문자, 인도 구자라트문자, 산스크리트문자 등등에서 보이는 가림토나 현행 한글과 유사한 형태나 발음은 무엇을 말해주는가. 약 1세기 전에 모습을 드러낸 『환단고기』, 그 속에 수록된 가림토문자를 단지 위작으로만 보는 것은 배타적이며 고루하다. 가림토문자와 타언어 간 통사적·통시적 연원 관계 분석 및 범지역적·범세계적 변천 과정에 대한 심층적 연구가 필요하겠다.

- 역사연구가 조홍근 선생은 돌궐문자를 가림토의 방계문자라고 한다.-민족사관 홈페이지, '깨달음의 문화-우리말 우리글, 6. 단군조선 가림토 38자 방계와 직계' 참조.

* 중동지방에 수메르문명이라는 고대 뛰어난 문명 사회를 이룩한 수메르인은 BCE 3200년경에 이미 문자를 사용했다고 한다. 오늘날 알파벳의 모어가 된 수메르어는 연구자에 의하면 우리말과 어순이 거의 같은 교착어이며, 유사하게 불리는 단어가 100가지나 된다고 한다. 이에도 우리글(한글, 서글)과의 통시적·범지역적 연찬이 이어지길 바란다.-『환단고기』 168-9면 참조.

사) 한국어의 세계성

- 인도 서부지방 구자라트어, 남부지방 타밀어(드라비다족), 스리랑카, 싱가포르나 러시아 바이칼 호수 인근 예벤키족, 아메리카 대륙의 인디언족 등등이 쓰는 언어처럼 세계 곳곳의 말소리에서 한글 사용의 발자취를 느낄 수 있다.(가야국 허황옥왕후 고향 인도 중남부 아유타국, 현 텔랑가나 주 아요디아도 연관성이 있을 수 있다.) - {naver 블로그: 어이무사의 게으른 공부방[2020.10.6.] - "가림토", 유튜브방송: 션월드 지식공간[2019.10.20.] - "한국어와 유사한 타밀어, 사실일까?" 등 참조.}

- 한국어와 문법이나 언어체계가 유사한 미얀마어, 단군기념주화를 발행하면서까지 단군의 나라로 알려진 중앙아시아의 카자흐스탄어, 또는 북미 원주민 인디언(나바호족, 호피족 등)의 노래나 말소리, 멕시코의 부족언어 같이 우리말과 유사한 언어 사용에 대하여 더러 들었을 것이다. - {유튜브방송: 재미주의[2021.3.12.], 어썸 코리아 Awesome KOREA[2020.10.1, 12.13, 2021.2.8.], 너와단둘이서[2021.3.15.] 등 참조.}

- 스페인언어의 전문가 손성태 배재대학 교수는 멕시코 선주민 아즈텍인의 언어와 한국어의 유사성을 비

교사례로 들어 발표한 바 있다. 이처럼 언어의 유사성이나 풍습 등으로 볼 때, 아메리카 인디언은 우리의 상고대 시절 BCE 10세기 ~ CE10 세기 사이에 알류샨 열도를 넘어 그곳으로 이주한 우리 韓한민족이라고 한다. 반론도 없지 않으나 새겨볼 만한 내용이라고 본다. – {유튜브방송: 마로니에방송$^{2018.9.28.}$ –'우리 민족의 대이동', 문군사$^{2019.5.29.}$ – "아즈텍인은 우리 민족일까?" 등 참조.}

- 우연일 수도 있지만, 끈끈한 그 무엇이 이어지는 것처럼 한국을 좋아하는 외국인들이 먼저 동질성을 느끼고 우리를 찾아오는 세상이 되었다. 저들이 먼저 한국을 장자의 나라라고 찾아오는데, 우리만 스스로 식민사학 소아론에 파묻혀 있는 것은 아닌가. 이제 훨훨 벗어나야 한다.

전세계인이 쉬이 한글을 습득할 수 있는 이유가 있다. 한글은 우리 주변의 일상 인간생활은 물론 음양오행 및 하늘과 땅 등 우주 탄생·변화의 원리가 담긴 지상 최고의 글자이기 때문이다. 더구나 어금니·혀·입술·이·목구멍이라는 사람의 5가지 발음기관을 본떠서 만들었으니, 이 발음기관을 가진 사람이면 국적, 인종 불문하고 누구나 다 쉬이 쓸 수 있는 것은 당연지사다.

 게다가 이 세상 모든 분야의 논리·철학·사상 따위가 집약된 천지인사상까지 착안하여 만든 문자이니, 사람이 쓰는 말은 물론 세상의 무슨 소리든지 다 적을 수 있는 것이다.

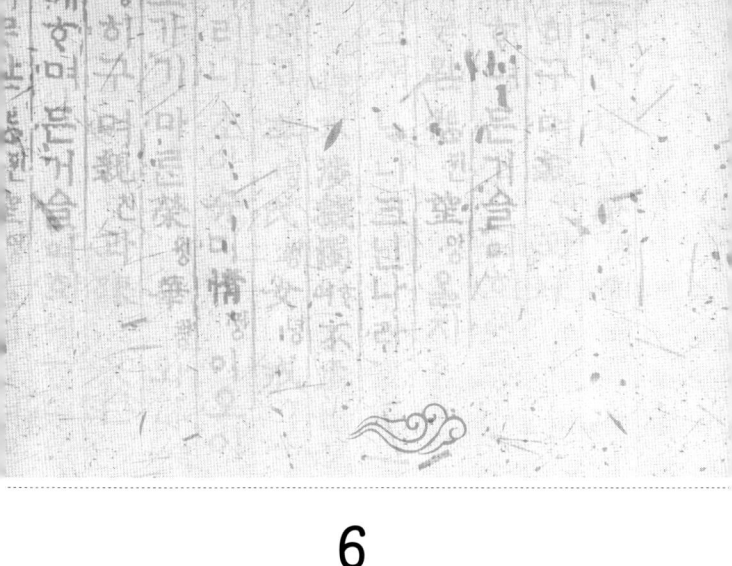

6

협순이학의 마법, 한글 변용의 매력

p. 69

6. 협순이학의 마법, 한글 변용의 매력

    요즘 동남아에는 한국어 열풍이 불고 있다. 태국에서는 한국어 말하기 대회가 열렸는가 하면 제2외국어로 선택되어 대입시험에 반영되기도 하였다. 2019년만 해도 4만여 명의 중등학생이 배우고 있었다고 한다. K-팝, K-드라마, K-무비 같은 한류 붐의 영향도 없지 않지만, 밑바탕에는 세종이 만든 한글의 우수성이 그 속내를 드러내고 있음이다. 한국어는 우리 국민이 사용하는 언어다. 형태상 교착어이며, 계통상 알타이어족일 개연성[주13]이 있다고 한다. 표기는 한글과 한자를 사용하지만 요사이는 주로 한글을 쓴다. '한글'이란 명칭은 일정치하 국문, 국어라는 말을 쓸 수 없을 때 1926년 주시경이 '대한'의 '한'을 따서 지었다고 한다. 한글의 원이름은 훈민정음이다.

    『훈민정음해례본』에 '협순이학'^{浹旬而學}이란 말이 있다. 어리석은 사람도 '열흘이면 배울 수 있

주13) 알타이어족일 개연성 : 학자에 따라 알타이어족 존재 자체가 불분명하다거나, 또는 그것과 달리 전혀 독립적인 언어가 한국어라고 한다.

다'는 뜻이다. 정인지의 말이다. 그 바로 앞 글귀에서는 지혜로운 사람이면 아침나절[주14]도 되기 전에 알 수 있다고 했다. 28자모를 익히는 것을 이르지만, 그만큼 쉬이 배우고 쓸 수 있음을 표현한 말이다. 이는 우리 국민의 약 80%가 5살이면 혼자 책을 읽을 수 있고, 우리의 문맹률이 0%에 가까우리만치 세계 최저 수준인 것으로도 입증된다.

유네스코에서 언어는 있으나 문자가 없는 민족에게 한글을 쓸 것을 권장하는 것도 마찬가지라 하겠다. 아울러 한국의 지원으로 1989년 〈세종대왕문해상〉 UNESCO King Sejong Literacy Prize 을 제정한 것도 유네스코다. 그 이듬해부터 매년 9월 8일 '세계문해의 날'에, 전 세계에서 문명퇴치에 기여한 자나 단체에 이 상을 준다. 2019년에는 알제리 국립 문해교육청과 세네갈 방직개발회

주14) 아침나절 : 『훈민정음해례본』 정인지 서문에 '지혜로운 사람은 아침나절이 되기 전에, 어리석은 사람은 열흘이면 알 수 있다.'의 원문은 다음과 같다. 智者不終朝而會 愚者可浹旬而學(지자부종조이회 우자가협순이학).

사, 2020년에는 네팔 노령기구와 영국 세계연합학교가 수상하였다.

학자에 따라 영문자로는 3백여 가지, 중국문자로는 4백여 가지의 소리를 쓸 수 있는데 반해, 한글로는 1만1천여 가지의 소리를 쓸 수 있다고 한다. 어디 그뿐이랴. 앞선 글월에서도 말했지만 외려 이 세상 오만가지 소리를 다 쓸 수 있는 게 한글[주15]이다. 이를테면 바람과 학 울음소리, 닭 울음이나 개 짖는 소리까지도 모두 표현할 수 있다고 해례본에 나와 있다.

2019년 7월 미국의 석학 제레드 다이아몬드는 국내 모 일간지[주16]와 인터뷰했다. 남수단에서 문자가 없는 부족을 연구하는 어떤 인류학자는 한글로 그 부족의 말을 표기한단다. 『대변동』의 저자인 그는 수십 년 전부터 우리 한글의

주15) 세상 오만 가지 소리를 다 쓸 수 있는 게 한글 : 『훈민정음해례본』 정인지 서문에는 "어디에도 통하지 않은 데가 없다."(無所往而不達:무소왕이부달)라고 표현하였다.

주16) 국내 모 일간지 : 중앙일보-중앙선데이(2019.7.13.-14자), 2면 참조.

탁월성을 극찬하였다. 한글이 워낙 뛰어나기 때문에 세계에서 두 번째로 뛰어난 문자 체계를 따지는 것은 의미가 없단다. 그는 한글사용을 한국 최대의 장점으로 꼽았다. 한글의 과학적 창제원리에 탄복하였기 때문일 수 있겠다.

세종은 무려 수십 번을 천문대(간의대)를 오가면서 28수 동양천문도에 따른 훈민정음을 창제했다고 한다. 삼재사상과 음양오행·방위·수리·계절·오음·오상 같은 우주 및 인생철학이 속속들이 스며있는 문자이니 더 말할 수 없겠다.

인천공항에 처음 내린 외국인이 '주차금지' 한글표지판을 보고 신기해하는 모습을 방송에서 본 일이 있다. 조형성을 가진 한글의 특색이다. 예술로 승화된 지 오래다. 2017년 스페인 사진작가 티노 소리아노는 한글을 하나의 예술품이라 하였다. 조형미로 번져나는 아우라. 이미 한글의 예술화는 전통 서예에서 캘리그래피로 그 활용범위가 넓혀졌지만, 이즘은 도예, 목각은 물론 첨단 디자인 분야로까지 나아갔다. 2019년 7월 세계 패션의 중심도시 이탈리아 밀라노에서는 한글의상패션전시회[주17]가 열려 각광을 받았다. 한글에서 영감을 얻어 창작한 국내외 의상디자이너의 작품 73점은 한글의 독창적인 우수성, 나아가 한국문화의 정수를 세계에 알린 셈이다. 이 행사를 주최한 박선희 한국패션문화협회장은 한글에 깊은 식견을 지닌 분임에 틀림없다. 말은 하나의 생명체일진대, 그 말을 온전히 품을 수 있는 한글은 가슴을 열고 이 행사를 반겼을 것이다. 아울러 서울 한글박물관에서는 몇 년에 걸쳐 한글디자인 전시회가 열렸으며, 어린이를 위한 '한글놀이터' 체험공간을 만들어 상설전시를 하는 등 한글 변용의 마법을 부리고 있다.

그러면 외국인이 느끼는 현대 한국어의 문제점은 없을까. 우선 '한글'은 쉬우나 '한국어'는

주17) 한글의상패션전시회 : 'Connecting Borders: Hangeul×Fashion Art(경계를 잇다: 한글×패션 아트)'라는 주제로 이탈리아 밀라노 팔라초 모란도 박물관에서 2019.7.9.~28. 동안 열렸다.

어려워한다는 점이다. 한글맞춤법의 복잡한 문법체계나 높임말·낮춤말, 정확하게 써야만 하는 조사, 발음과 표기가 완전히 일치하지 않는 것들이다. 특히 서술어의 다양한 활용 같은 표현 방법을 힘겨워하면서도 한국어 특유의 아름다움이라 여기기도 한다. 세종의 문자혁명으로 탄생된 이 시대 최고의 자질문자 한글! 이제 국보 70호에서 제1호로 바꾸어 지정되어도 전혀 손색없을 것 같다. 시조로 읊는다.

한글 뜻풀이

한겨레의 얼에 실려
내 이어온 큰 글이다

하늘과 땅 사람까지
다 들어간 온 글이다

누구나
소리대로 쓰는
맨 하나의 참 글이다.

〈2019.10.8.발표〉

미주(尾註)

아) 훈민정음 국보의 위상

'훈민정음'(『훈민정음해례본』)은 1962년에 국보 제70호로 지정되었다. 그간 우리 문화의 대표 상징성으로 보아 국보 제1호로 교체 지정되어야 한다는 견해가 꾸준히 제기되어 왔다. 나도 동감하여 칼럼으로 쓰려고 몇 번이나 챙기곤 했다.

이에, 주관기관인 문화재청은 2021년 주요업무계획에서 앞으로 지정번호는 내부행정용으로만 관리하고, 대외적으로는 지정번호를 없앤다고 한다.('국보 70호 훈민정음해례본'→'국보 훈민정음해례본'으로 표시한다고 한다.)

설사 그렇다 하더라도, 훈민정음이 K-랭귀지 문화한류로서의 세계언어에 미치는 영향력으로 볼 때, 사실상 대한민국 국보 제1호의 지위에 당당히 올라 있다고 하겠다.

7

한국말만 해도 세계를 누비는 날

p. 79

7. 한국말만 해도 세계를 누비는 날

"2031년 프랑스 파리에서는 제1회 〈유럽 한국 전통 시조^{時調} 창작 및 낭송 백일장〉이 열렸다. 중견시조시인으로서 한국말로만 살아온 나는 심사위원으로 초청받아 집행진과 함께 참가하였다. 유럽 각국에서 초·중·고 및 대학·일반부에 응모한 사람이 상당하였다. 창작 참여자들은 주어진 시제(아리랑, 김치)에 따라 3장 6구 12소절로 된 시조를 한글로 지어 제출하였다. 낭송 참여자들은 고시조나 현대시조를 한국말로 멋들어지게 낭창하였다. 수준이 높아 당선작 심사가 녹록치 않았다. 한국인 못지않은 실력들이었다. 지난 2027년 유네스코 인류무형문화유산으로 등재된 우리 시조로 한글과 한국 고유문화를 세계에 떨치는 무대가 된 셈이다. 한국말과 한글로만 치러낸 대회였다."— 다가올 미래의 시조세계화 관련 행사 한 토막을 뭉뚱그려보았다. 한국어가 UN 인정 세계공용어로 통용될 날을 고대한다.

현재 자기 고유문자가 없는 나라 중에서 한글로 그들 언어의 발음을 표기하는 곳이 더러 있다. 10여 년 전부터 인도네시아 부톤섬 찌아찌아족이 그러하다. 그런데 한글로 표기하는 것은 단순히 문자 보급에만 그치지 않는다. 한글로 된 타국의 도로표지판을 인터넷 동영상으로 보는 반가움은 물론, 거기 초등학생들이 한국의 동요 〈시냇물〉을 합창하는 모습에서는 과거 우리의 유년시절을 떠올리게 된다. 자연스레 한국말과 한국문화를 습득하게 되는 측면도 있다.

그 몇 년 뒤 남태평양의 섬나라 솔로몬제도의 과달카날 주와 말라이타 주에서도 한글을 발음기호로 도입[주18]했다. 두 곳은 다 현행 한글 24자모에다 지금 우리가 쓰지 않는 옛 자모 1자씩을 더하여 25자를 그들 말의 모어母語문자로 쓰고 있다. 전자는 '여린비읍'(ㅸ)을, 후자는 각자병서 '쌍리을'(ㅥ)을 각각 1자씩 추가함으로써 그들 말의 발음을 보다 정확히 표기하고 있다. 같

주18) 한글을 발음기호로 도입 : 본문의 두 나라 외에도 2016년 아프리카 콩고의 피그미족 언어(치뗌보)를 한글로 표기하게 되었고, 2020년 아르메니아의 젊은이들은 아제르바이잔과의 전쟁을 반대하고 평화를 호소하는 피켓을 한글로 써서 국제사회에 알리는 등 한글 사용이 전세계로 점차 확산되고 있다.- 유튜브방송: 신작가(2020.12.21.)- "한글의 힘으로 두 나라의 전쟁을 멈췄다." 참조.

은 문자라도 시대에 따라 발음이 다르다. 훈민정음 창제 당시 28자에서 현재 4자가 줄어든 것은 후대로 오면서 그 소리를 구별할 수 없게 된 때문[주19]이라 한다. 즉 음가(音價)가 사라진 것이다.

현행 한글 24자모로는 세종대왕 창제 당시 28자모에 비해 세상 모든 소리를 정확히 쓰기에는 좀 아쉬움이 있다. 사라진 자모 4자·병서(합용, 각자)·연서 가운데서 일부를 되살려 쓴다면 보다 더 완벽한 세계공용문자로 발돋움하기에 좋을 것이다. 정부 주도로 〈단일기능성표준한글〉을 제정하자는 것이 반재원 훈민정음연구소장의 제언이다. 동의한다. 앞에 사례를 든 두 나라의 적용경험 반영이나 사계학자들의 연구·검토를 거쳐 가급적 빨리 제정, 시행해야 한다. 한글의 세계화가 앞당겨질 것이다.

주19) 소리를 구별할 수 없게 된 때문 : 당초 28자 각 자모(낱자)에는 고유한 음가가 있었다. 음가(音價)는 각 낱자의 본바탕(고유한) 소릿값을 말한다. 현재 쓰지 않는 4자(ㆍ, ㅿ, ㆆ, ㆁ)는 창제 후 대략 80년에서 230년 사이에 사라졌다고 한다.

한글은 2009년, 2012년 제1, 2회 '세계문자올림픽'에서 연이어 우승하였다. 이후 더 이상 겨룰 만한 문자가 없어 대회가 폐지된 것만 봐도 그 우수성을 짐작할 수 있다. 문제는 세계 시민(일반인)들이 보다 쉬이 한글을 배울 수 있도록 해야 한다는 점이다. 정부 주도 아래 안으로 기초를 튼실히 다지고, 밖으로는 지속적인 홍보·지원정책을 펴야 한다.

각국 한국대사관은 물론 정부재단 '세종학당'의 역할이 중요하다. 세계에 한국어 보급 목적으로 설립된 세종학당은 2020년 6월 기준 76개국 213개소라 한다. 2019년 7월 제11회 세계한국어교육자대회를 서울에서 개최, 각국에서 세종학당 교원 200여 명이 참여하여 한국문화 연수를 한 뒤 돌아갔다. 2020년 세계한국어교육자대회는 '코로나19 시대의 비대면 한국어·한국문화 교육'을 주제로 12월 9일부터 11일까지 서울 워커힐 호텔에서 대면·비대면 융합방식으로 열렸다. 해외 비대면(화상) 참가자 300여

명을 비롯하여 국내외 교원 380여 명이 참가하였다. 이즈음 지구촌의 코로나 바이러스라는 팬데믹 환경 속에서도 이들은 한글 보급·확산에 힘쓸 교육통(通) 인적자산이다.

최근 한류 붐을 타고 서구 학원에는 타국어 수강은 줄어드는데, 한국어 수강은 늘어난다고 한다. 고무적인 일이다. 국내적으로는 세계공용〈단일기능성표준한글〉의 제정 및 관련 자판기 개발, 각국 언어 통번역사 양성과 더불어 최신 언어로 실시간 업데이트되는 자동 통번역기 개발 등을 서둘러야겠다. 또한, 말뭉치Corpus 사업의 구축 및 장차 남북이 함께 쓸 『겨레말큰사전』의 편찬, 지방별 『토속어사전』 발간 같은 일들을 추진하여 한글 세계화의 밑바탕을 착착 깔아나가야겠다. 차제에 방대한 『우리말유의어사전』[주20] 등

주20) 우리말유의어사전 : 이 책은 23만여 표제어를 63만여 1차 유의어와 200만여 2차 유의어로 분류한 대규모 사전이다. 한 사업가의 20여 년에 걸친 열정 끝에 사재로 이룩한 산물이다. 맥락·상황에 적합한 어휘를 고르는 데 나침반 구실을 한단다. 국립국어원조차 못한 일이다. 이 외에도 반의어·방언 등 다양한 국어사전을 만들어온 (주)낱말 김기형 대표의 우리말 사랑정신은 참으로 고귀하다.-중앙일보(2019.9.26.)-"낱말 공장 공장장의 사전 만들기 20년" 참조.

을 편찬한 김기형 사업가의 업적이 돋보인다.

  이제 한국말만 해도 세계 곳곳을 활보하는 날을 상상한다. 뿌듯하다. 한국어가 세계공용어가 되고 한글이 그 표기문자로서 두루 쓰여 온 세상을 밝힐 때, 어떤 이는 이럴 한글을 훈세정음訓世正音이라 했다. 홍릉 세종대왕기념관 성군의 초상 앞, 『훈민정음해례본』(영인본)[주21]을 보고 한동안 무젖기도 했던 때가 엊그제 같다. 비대면으로 진행된 2020년 한글날 행사는 어언 574돌째였다. 미국학자 로버트 램지는 말했다. '세계의 알파벳, 한글보다 뛰어난 글자는 세상에 없다.' 시조로 경축한다.

주21) 훈민정음해례본 : 세종대왕기념관(박물관) 소장 목록에는 이 '해례본'(목판본) 외에도 『훈민정음언해본』(목판본), 『훈민정음운해』(필사본), 『경세훈민정음도설』(필사본) 등도 들어 있다. 이 책들은 다 영인본 내지 복사본이다.

팍스 한글리아나
(Pax Hangeuliana)

어느 나라 어느 때나
보고 듣는 말과 글은

문서로 간판으로
인터넷에 그 뭐로든

온통 다
한국말 천지
한글로 핀 세계평화.

〈2019.11.14.발표〉

미주(尾註)

자) 한국어 보급 장려운동 전개

- 2021.3.11. 한韓문화재단을 설립한 김준일 회장은 'K-랭귀지 페스티벌'을 열어 유튜브나 쇼셜미디어를 통해 한국어를 잘 가르친 강사를 뽑아 10만 달러를 지급한다고 한다. 한 사람의 민간인이 한국문화 세계화에 기여하는 훌륭한 사례다.-중앙일보[2021.3.12.] 참조.

- 찌아찌아족 같이 말은 있으나 글이 없는 부족들에게 우리 한글을 보급하게 된 데에는 서울대학 음성학전문가 이호영 교수의 역할이 상당했다고 한다. 그는 요즘 우리말의 다국어기계번역기 개발, AI와 뇌과학이 결합된 뇌파언어인식기 개발 및 한국정보화진흥원과 협업하여 제2외국어(중국어/일본어 등) 병렬코퍼스 구축사업 등등을 추진중에 있다. 훌륭하다! 우리말 세계화와 활용도를 높이는 일이다. - 유튜브방송: 서울대학교AI연구원,[2020.10.22, 12.7.] KBS다큐[2020.10.8. 최초공개] - "위대한 여정, 한국어" 등 참조.

  〈외국 당국이 스스로 한국어를 홍보하는 사례〉
  인도네시아 서부자바주州에서는 올 들어 손수

'북촌'이라는 한글 간판을 세우고, 한국어를 알리면서 한류문화를 간접체험하는 시설을 운영한다고 한다. K-하우스라 할까, 기와집에 장독대가 놓인 '북촌한옥마을'을 조성, 서울에서처럼 한복을 대여하는 등 코로나19 사태로 한국관광을 못하는 자국민들의 아쉬움을 대신 풀어준다고 한다. -한국일보(인터넷판)[2021.3.22.] 참조.

차) 북한의 우리글 명칭

북한에서는 현재 한글을 '조선글'이라고 한다. 다가올 통일시대에는 자연스레 '한글'을 대표용어로 쓰게 될 것으로 생각된다.

8

한글과 한자의 아름다운 동행

p. 91

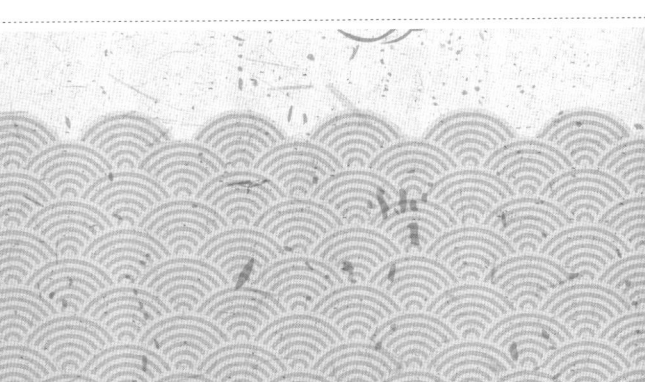

우리는 복 받은 민족이다. 고유의 말과 글을 가졌기 때문이다. 말은 있으나 글이 없는 민족도 있고, 설사 글을 가졌더라도 우리처럼 뜻글과 소리글을 다 가진 경우는 드물다. 말은 그 민족 얼의 상징이며 글은 그 얼을 담는 그릇이다. 그릇이 튼실할수록 그 얼을 오롯이 간직할 수 있다. 상고사의 대가 신채호는 우리 고대 삼국이 편찬한 사서史書의 소실에 대해 '역사에 영혼이 있다면 처참한 눈물을 흘릴 것'이라고 했다. 다행히 말과 글이 살아 있어 그 눈물을 조금이나마 닦으면서 혼 줄을 잇고 이어 한겨레 5천년 역사를 지켜왔다. 지금은 비록 한반도로 줄어든 땅덩어리이지만 그 기백만은 정정하다.

나는 앞선 7편의 글월에서 한글은 물론 한자도 우리글이라고 추론한 바 있다. 두 글자의 기원, 근거, 학설, 활용 등등으로 그 까닭을 밝혔다. 우리말(한국어)은 크게 한글말과 한자말로 되어 있다. '한글말'은 순우리말의 별칭으로 써 보았다. '순우리말'을 흔히 '고유어'라 하여 '한자어'의 상대적 개념으로 사용해 왔다. 한자어도 우리 고유어라 할 수 있기에 여기선 '고유어' 대신 '한글말'로 썼다. 요즘에 있어 우리 표기문자로는 주로 한글을 쓰고 한자는 필요시 병기하여 쓴다.

한자는 옛 문헌에 '서글'書契이라고 하며, 한글은 한자로 '韓契'한글로 쓰기도 한다. 또한 문어체 문자인 서글은 음글이요, 구어체 문자인 한글은 양글로서 서로 음양의 조화로 기능한다. 서글 즉 한자는 근래 한 반세기 동안 중국에서 간체자에 밀린 반면 한국에서는 온전히 살아 있다. 이는 원래 우리 것이라는 반증이다. 그 옛날 우리 풍토에 우리 선조가 만든 문자로서 우리 발음과 새김에 알맞기 때문이다. 가림토에서 비롯된 한글은 훈민정음을 창제할 때 한자의 발음기호로서의 역할도 하였다. 그만큼 두 글은 밀접하게 맺어져 있다. 대옥편을 편찬한 장삼식은 '한문자(한자)와 정음문자(한글)는 명백히 서로 상성적인 만큼 결코 대척적이 아니'라고 했다.

영국 런던대 한국학 명예교수 마르티나 도이힐러는 2008년도에 이미 한글뿐 아니라 한자 공부의 중요성을 설파한 바 있다. 두 글자를 국문자로 함께 사용하는 우리는 보다 풍부한 어휘력에 트인 사고와 균형 잡힌 시각을 가질 수 있다.

안함로의『삼성기』, 이암의『단군세기』및 이맥의『태백일사』를 본다. 한자와 한자에서 파생된 이두문, 그리고 한글의 모태글자인 가림토는 모두 우리 선조가 만들었다고 되어 있다. 韓字^{한자}는 약 5천8백 년 전 배달국 환웅천황 때 신지혁덕이, 가림토는 약 4천2백 년 전 고조선 가륵단군 때 을보륵이, 이두^{吏讀/吏頭}는 약 2천9백 년 전 고조선 등올단군 때 왕문이 지었다고 한다. 3가지 문자는 국가의 흥망성쇠에 따른 사용 강역이나 시대상황에 따라 부침을 거듭하면서 오늘날에 이른 것으로 보인다.

고래로부터 문자생활은 한자와 이두 위주로 하였고, 이두문은 근조선 말까지 쓰였다. 모태

한글 가림토는 15세기 세종의 재창제 과정을 거쳐 오늘날 한국어의 주류 문자로 발돋움했다. 지상 최고의 음소문자로서 세계공용문자가 되기에 부족함이 없다. 정음 28자 중 사라진 옛 문자 일부를 살려[주22] 〈단일기능성표준한글〉을 제정하여 세계에 내놓아야겠다.

이제 한글을 쓰면 애국이고 韓字한자를 쓰면 사대라는 발상은 버려야 한다. 둘 다 우리글로서 소중함에 우열이 없다. 그렇다고 쓰기 쉬운 한글을 두고, 한자 사용을 강요할 수는 없다. 순 한글만으로는 언어생활이 원만하지 않기 때문에 필요분야에 선택적으로 한자사용을 권장할 일이다. 후세들에게는 한자를 정규 교과서에서 가르치되, 한자병용은 자율에 맡긴다. 현행 한자 교과서를 선택과목으로 한 것은 아쉬운 점이다. 어문정책정상화추진회의 견해를 참조했다. 한

주22) 옛 문자 일부를 살려 : 현행 우리 언어생활에는 한글 24자모만으로 별 지장이 없으나, 예컨대 콧소리 나는 외국어를 표기할 때는 'ㆁ'(여린 기윽, 옛이응)이 필요한 거와 같다.
세종대왕의 훈민정음 창제당시의 일부문자를 되살린다면 세계공용문자로 자리매기기가 한결 나을 것이다.

자도 한글처럼 국어기본법에 우리의 고유문자로 넣어야 한다. 왕옥철, 장문 같은 중국학자들은 한자를 동이문자라 했다. 이를 동방문자의 뿌리라고 한 한자학계 큰 별 진태하는 "한글과 한자의 장점만을 취해 쓴다면 우리나라는 문자 활용의 이상국이 될 것"이라고 했다.

2019년 9월 우즈베키스탄에서는 유라시아 한글백일장이 열렸다. 혹자[주23)]로부터 어디에도 비교할 수 없는 문자학적 사치라고 극찬받은 한글, 그 빼어난 미모와 한자의 웅숭깊은 속내가 어우러져 피어나는 우리글 한국문자! 세종의 인류 편민便民사상을 타고 세계공용어로 날아오르는 아름다운 동행을 꿈꿔본다. 앞으로 한자병용 한국어백일장이 열릴지도 모른다.

머잖아 다가올 미래, 한국이 지구촌의 핵심으

주23) 혹자(或者) : 미국 컬럼비아대 교수 '개리 레디야드'(Gari Keith Ledyard)를 이름. 그는 "한글은 세계문자 사상 가장 진보된 글자이다. 한국 국민들은 그 무엇과도 비교할 수 없는 문자학적 사치를 누리고 있다"고 했다.

로서 인류전체 영도국가로 우뚝 설 때, 전 세계를 아우르는 영적 지도자의 출현을 고대한다. 카리스마 넘치는 그의 통치 아래 온 누리 곳곳에서 한국어를 쓰면서 물밀듯이 코리아를 찾아오는 활기찬 모습들이 떠오른다. 고난과 역경을 넘어 펼쳐지는 새 세상. 한 수 시조로 추임새를 넣는다.

동행길 팡파르

한자 한글 한 뿌린데
남남으로 여겼어라

반만년 질곡 속에
우세두세 걸어온 길

피붙이
밝혀진 찰나
데자뷔가 죄 풀리네.

〈2019.12.19.발표〉

미주(尾註)

카) 각국 언어의 발음기호로서의 한글의 높은 활용도

한글은 소리글자로서 서글(한자)의 발음기호일 뿐만 아니라 인도네시아 찌아찌아어 같은 다른 나라 언어의 발음기호나 표기문자로도 잘 활용된다. 또한 우리 한국어의 발음기호이며 표기문자인 것은 말할 것도 없다.

한때 중국어 발음기호로도 연구되었다는 설이 있다. 1950년 유소기劉少奇 중공 주석이 한글의 우수성을 알고, 한반도에 어문연구단을 파견하는 등 중국 문자개혁을 추진한 바 있었다. 그러나, 정적인 모택동에 의해 결국 1958년 로마자 알파벳을 중국어 발음기호(한어병음)로 채택, 1960년대 문화대혁명을 거치면서 1977년도에 확정되었다고 한다. 요즘도 한글로 중국어를 가르치는 이가 있듯이 우리의 한자와 한글이 모두 현행 중국어 문자와 발음기호의 기본글자로 활용될 뻔했을지 모른다.- brunch.co.kr[2017.4.30.]-"알파벳 발음기호(병음)가 불편하다.", 유튜브방송: 마이풀[2020.4.1.]- 중국어 특강|"이현준 대표가 말하는 훈민정음과 중국어의 비밀" 등 참조.

주요 참고자료 (발췌)

- 훈민정음 창제원리와 동양천문도와의 상관성 (2016.4.6. 반재원, 한문화 특강1,2)
- 훈민정음해례본(원본:1940년 안동본:1943년 간송본, 인터넷 열람, 나무위키)
- 조선 고래의 문자와 시가의 변천(1924.1.1.신채호, 동아일보)
- 설문해자 속에 담긴 한자발음(1998~2011.외, 경북전문대/동양대 박석홍교수 강의자료, 2013.2.7.)
- 실용대옥편(1980.1.5. 편저자 장삼식, 집문당)
- 한한대자전(1966.10.10. 이상은 감수, 전문사서 민중서림)
- 우리말갈래사전(1989.2.20. 박용수 엮음, 한길사)
- 조선상고사 I , II(1992.2.10. 신채호 저, 일신서적출판사)
- 한국고대사를 생각한다(2002.9.25. 최태영 저, 눈빛)
- 최태영 회고록·인간 단군을 찾아서(2000.4.15. 최태영 저, 도서출판 학고재)

- 환단고기(삼성기·단군세기·태백일사 등, 2016. 2.1. 14쇄, 상생출판, 역주 안경전)
- 한단고기(1986.6.11. 임승국 번역·주해, 정신세계사)
- 춘하추동으로 풀이한 한자의 창제원리와 어원 (2017.7.21. 이상화 저)
- 헌법재판소 결정문(반대의견)(2016.11.24. 2012헌마854, 전원재판부 헌법소원 심판-국어기본법 제3조 등 위헌 확인)
- 중앙일보(2019.7.8., 7.13~14, 7.17, 8.8, 8.10~11, 9.26, 11.14.)
- 서울신문(2019.7.16., 7.17, 8.13, 9.3.)
- KBS 역사 스페셜 42회(1999.10.9. 한글은 집현전에서 만들지 않았다), 178회(2002.10.12. 천년 전 이 땅에 또 다른 문자가 있었다.)
- KBS 다큐 (유튜브방송: 2020.10.8. 최초 공개) - 위대한 여정, 한국어(2004 KBS 특별기획)
- 영화 "말모이", "나랏말싸미"
- 경남 산청 단속사터 비석(1995.발견, 문화일보, 1995.10.9. 加臨土글 판독은 한글기원 열쇠)

- 경북 경산 명마산 암석비(2003.발견, 부산일보, 2003.3.13. 가림토 추정 암각문)
- 국어기본법 제3조(정의), 제14조(공문서의 작성), 같은법시행령 제11조(공문서의 작성과 한글 사용) 등 관련조항
- 세종실록, 훈민정음해례본, 설문해자, 강희자전 등의 관련자료
- 기타 인터넷 발표 관련논문, 유튜브방송 및 언론 기사 따위 상당수

후기

온 세상이 한국어로 말하고 글로 쓰는 나달을 꿈 그리며

 이 책은 준비부터 발행까지 약 2년이 소요된 셈이다. 비록 얇은 분량의 책이랄 수 있지만, 나의 상당한 열정과 혼신이 배어있는 노작이다. 내 스스로는 부피로만 그 가치를 따질 수 없다고 여긴다. 여러 자료들에서 핵심을 뽑아 요지로 정리한 뒤, 나의 생각과 판단을 더하여 편찬한 진액 도서라 설불리 불러본다.

 그간 이 시대 대한민국의 한 국민으로서 나라 품 안에서 살아오면서 국가를 위했다고 뭐 내세울 만한 일이 없었다. 한 초동급부로서 펴낸 이 책이 널리 우리 국민들에게 읽힐 수만 있다면 적게나마 짐을 덜겠다.

 그리하여 조금이라도 우리말의 정체성正體性, Identity

을 알 수 있게 된다면 더할 나위 없겠다. 한글과 韓字^{한자}는 모두 우리 언어라는 것, 태생적으로나 활용면에서나 한국어임을 본문에서 설파했다. 한자의 정자체 보존과 일자일음의 법칙, 한글의 우주론적·과학적 창제원리와 세계어로서의 가능성은 우리 한민족만이 가진 보배 중의 상보배다. 이 언어만으로 한국의 존귀한 얼은 온 누리에 드높이 세세연년 빛날 것이며, 어느 누구도 넘볼 수 없는 우수한 문화민족임이 공표되었다고 하여 결코 지나친 말이 아닐 것이다.

이 책을 처음 읽은 분들이 이후부터라도 우리말과 글에 대해 자긍심을 느꼈다면 단지 나의 기쁨을 넘어 당신이 누릴 당연지사라 하겠다.

사실 나도 이 칼럼을 쓰기 전까지는 韓字^{한자}의 정체성에 대해 긴가민가하는 처지였다. 앞의 '머리말'에서 언급한 바와 같이 평상시 언뜻언뜻 느껴왔던 '한자는 한국문자'라는 막연한 추측이 단초가 되었다. 이 분야 문외한인 내가 본격 이를 탐구·점

검하기로 한 것은 2019년 집 인근 도서관을 때때로 활용하게 되면서였다. 생계형 직장을 은퇴한 뒤였다. 마침 종합 일간신문 기호일보에 수년째 칼럼을 써오던 터라, 그 신문사의 배려로 발표할 기회가 있었다. 보아왔던 관련 서적이나 인터넷 자료 등을 토대로, 신문에 한 편 한 편의 칼럼을 발표할 때마다 책임에 따르는 긴장감은 늘 뒤따랐다.

나는 언어학이나 국어국문학을 전공하지 않았다. 주욱 시가(시조, 자유시)를 창작하면서 늦게 문예창작학 분야 석사학위를 받았다. 시골 중학교 때 고교문법을 익혔고, 고교 때 신라문화제 백일장 산문분야 학교대표로 참석하거나 대학 법학과정 중에 시조공모에 당선되기도 하였다. 떼려야 뗄 수 없이 이어온 우리 국문학과의 변두리 인연이 이 책을 내게 된 까닭의 하나가 아니었나 싶다.

또한, 시가 창작에 따른 적확한 시어의 발굴이나 조탁의 고뇌과정이 우리말과 글에 대해 더 천착하게 되는 계기가 된 것도 부인할 수 없다. 이 가운데

시조는 고려 말 역동 우탁의 백발가로부터 치더라도 8백여 년의 역사를 지닌 우리겨레의 정통 시가다. 이 책 제목에서도 알 수 있듯이 각 편별 마무리로 단시조 한 편씩을 지어 넣었다. 또한, 본문 앞에는 이 책 내용을 총괄하는 '권두시조'로서 3수로 된 연시조 1편을, 뒤표지 날개부분에는 이 책 내용 전체를 요약, 마무리한 단시조 1편을 각각 올렸다. 시조는 오랜 역사를 지닌 우리말과 보다 잘 어울린다고 보았기 때문이다.

막상 韓字한자의 연원을 캐기 시작하면서, '한자는 동이족이 만든 문자'라는 소신을 갖고 인터넷을 통한 각종 자료를 찾을 무렵에는 이미 이를 주장하는 사람들이 상당하다는 것에 놀랐다. 한자학 전문가에서 일반 연구자에 이르기까지 저마다의 설득력 있는 논리와 주장이 있었다.

그럼에도 왜 대다수 일반국민들은 이를 잘 모르고 있을까. 마치 이 글을 쓰기 이전의 나와 같이, 성장과정에 그러한 교육을 받지 못한 데다가 자신의 일상생활과 별로 관련없는 일이었기 때문일 것이다.

그 원인을 규명코자 하면 방대한 논문으로도 부족할 수 있겠다. 간략히 살펴본다.

첫째, 국제적 관계 문제다. 예컨대 한자에 대한 한국과 중국과의 관계다. 이즈음 동북공정으로 우리 고대사마저 자기 역사로 각색하고 있는 중국에 대해 과연 한국정부가 떳떳이 韓字(한자)를 우리 글자라고 말할 수 있을까 하는 문제다. 이는 국력의 크기와 비례한다. 하루빨리 우리나라가 군사적·경제적·문화적으로 세계 최강국가로 부상하길 바란다. 게다가, 위대한 세계적 지도자가 나타나면 금상첨화라 하겠다. 그래야 없는 것을 있다고 하는 것이 아니라, 원래부터 있는 것을 있다고 찾아올 수 있는 것이다.

둘째, 국내 문제로서 문화·교육당국의 정책방향 설정추진이나 관련 공·사기관 간의 설립목적이행

사항이다. 이른바, 한글이나 韓字^한자 관련 단체 간에 서로 자기주장만 할 것이 아니라 열린 마음으로 상대방을 수용하는 자세가 필요하다. 관련 정부당국은 이를 잘 조율하여 자라나는 후세대 교육과 국민계몽시책을 펴도록 해야 한다. 그러나 현 여건상 이를 기대하기는 쉽지 않다. 따라서 나 같은 사적 민간인이라도 주장해야만 한다. 이런 숭고한 불씨마저 꺼져버리면 안 된다. 내가 이 책을 펴내야 하는 당위성이기도 하다.

이 책의 교열·가필 중에 못내 아쉬움으로 남아 있던 일이 '반절법'을 원문에서 확인하는 거였다. 반절법은 한자로 한자를 읽는 방법을 말한다. 중국 한대의 『설문해자』와 청대의 『강희자전』 원본을 보기 위하여 국립중앙도서관 정기이용증을 챙겼다. 먼저 그 책이 있는지 도서관 홈페이지를 찾았다. 놀라왔다. 약 1천9백 년 전 책 『설문해자』의 후속 표지사진과 '一於悉切'^일어실절로 된 반절법 관련 지면을 온라인 영상(디지털화 자료)으로 보는 것은 감격이었다. 한자마다 '설문'의 내용까지 들어 있는 약 3백 년 전 『강희자전』을 보는 기쁨도 그와 못잖았다. 2019년 서울 홍릉 세종대왕기념관을 찾아 전시된 '훈민정음'(해례본, 언해본)을 마주칠 때에 비해 버금가랴면 서러울 것이다. 이로써 직접 방문은 일단 미루었다.

코로나바이러스 사태로 온 지구촌이 생활양상의 급격한 전환을 겪고 있는 이때, 세계 곳곳에서는 K-푸드, K-무비는 말할 것도 없고 K-랭귀지 열풍이 불고 있다고나 할까. 북중미, 남미, 오세아니아, 동남아, 인도, 중동, 중앙아시아, 유럽 및 아프리카까지 한국어 배우기가 붐을 일으키고 있단다. 더구나 인종적으로 형제의식을 가진 터키나 헝가리의 경우는 더할 수 있다.

이런 현상은 단순히 한류의 영향 같지만, 우리말의 세계화를 입증하는 하나의 전조이며, 좀 멀리 보면 상승을 타고 있는 우리나라의 국운과 연계되는 어떤 과정일 수 있겠다. 그런데, 외국어 언어강

습 유튜버들 중에는 단순히 강습효과를 높이기 위해 우리말을 특정 시대나 특정 지역 중심으로 설명하는 경우를 본다. 여기에는 우리 언어의 정체성과 국가의 위상이 뒤로 밀릴 수 있다.

이런 때일수록 통시대적, 범세계적 우리 언어 흐름에 관한 심층탐구가 절실하다. 이곳에서는 문제 제기만 한다. 답안은 내지 못하고, 가칭 **〈'한국어통합연구센터' 설립 및 '중장기 한국어심층연구프로젝트' 입안 시행〉**을 제안한다. **'중장기 한국어심층연구프로젝트'**에는 적어도 5~20년 이상의 기간에 걸쳐 한글과 韓字(한자)의 시대별 계통적 연구, 대륙별·지역별 유사언어의 상관관계 연구 등등을 수행한다. **'한국어통합연구센터'**는 국영 또는 공영으로 설립하여 관련단체와의 교류협업, 재정지원 등 연관된 전 분야를 주도·총괄할 수 있도록 법률제정으로 뒷받침한다.

이에는 중장기 한국어심층연구프로젝트의 주관은 물론 기존의 한자와 한글 관련 공·사설 단체,

대학 부설연구소나 관련 외국어연구단체까지 포함한다. 다시 말해, 공설 세종재단, 사설 훈민정음연구소나 대한민국한자교육연구회, 고려대 부속 한자한문연구소 같은 단체를 망라한다.

 장래 어느 날, 방대한 **'중장기 한국어심층연구프로젝트 종합보고서'**가 나오기를 상상해본다. 거기에는 한국어(韓字^{한자}와 한글)의 발생연원, 시대별 계통적 전파활용, 대륙별·지역별 전파경위 및 활용, 현행 사용 국가별·지역별 교류계획이나 세계화를 향한 발진방향 등등이 실릴 것이다.
 미래 지구촌 최고 선도국가로서의 위상에 걸맞는 세계공용어가 된 한국어의 청사진이 제시될 것이다. 잠시간 장래 희망서린 우리말의 꿈밭을 일궈보았다.

 한국어의 세계화와 팬데믹이 뒤범벅이 된 오늘날, 유네스코 인류무형문화유산에 등재된 한시와 하이쿠와 달리 아직도 우리 시조는 등재되지 못했다. 한국어 세계화 붐과는 판이하게, 한국어로 짓는 시조는 그렇지 못하다. 시조는 우리의 종조 시가다. 한시 바삐 등재될 여건이 성숙되기를 바라면서, 이 책의 졸음 작품으로나마 다시 한번 모두가 시조를 읊어보는 계기가 되면 좋겠다.

 게다가, 덧붙이고 싶은 사연이 있다. 이 책을 내는 데 힘을 실어준 사람들이 상당하다. 그들에게 두 손 모아 감사드린다. 먼저 평소 격려를 아끼지 않은 시우 겸 친구 수월 진무현 님과 민천 최건영 님의 얼굴이 떠오른다. 그런 중에서도 韓字^{한자}가 우리글이라는 것에 적극 동의를 한 두 사람 – 나의 외우^{畏友} 내지 지기^{知己}라 할까. 먼저 상효 곽종화 님은 인류상고사, 그 중 한국과 중국의 감춰진 태고 역사들을 전해주었을 뿐만 아니라 여태 모아온 수천 권 상당의 자료들을 이제 국립중앙도서관에 기증하는 절차를 밟고 있다.
 또 한 사람은 이번에 『다산코리아 행복코리아를 꿈꾸며 출산장려 성공시크릿』이라는 책을 출간한 우담 박희준 님이다. 그의 파란만장한 삶과 연구의 땀방울이 맺힌 역저다. 그는 이 나라의 출산율 저하로 인한 인구절벽의 초고령화 시대 도래에 대비, 20여 년 전부터 '**출산장려는 제2의 구국운동이다**'라는 캠페인을 펼쳐왔다. '**한 자녀 사랑으로! 두 자녀 기쁨 두 배! 적정출산 행복 세배! 출생(출산)장려는 대한민국의 밝은 미래다**' 라는 슬로건을 내걸고, 두 번의 암수술에도 불구하고 오뚝이처럼 일어나 통일 대한민국 인구 1억 명 달성을 향하여 혼신의 힘을 다하고 있다. 또한, 출산장려운동 전국 확산방안의 일환으로 최근 '범국민 동백꽃 한 송이 피우기 릴레이 운동'을 시작하였다. 여기서의 동백은 꽃 자체의 의미 외에 동방의 백의민족(한민족)이나 귀한 신생아기를 의미한단다. '2018년 유네스코 올해의 인물'에 선정된 그는 현재 주)프라젠트라 회장 겸 사)한국출산장려협회 이사장이다.

평소 여러모로 무딘 내가 그의 드높은 나라사랑 정신에 감복하여, 그 책 상재에 부쳐 경축시조 한 수를 써준 바 있다. 시제는 **"생명·출생·출산의 숭고함이여"**였다. 마침 전해 받은 책 표지에 〈범국민 필독서〉라는 문구가 눈에 들어왔다. 바로 내가 몇 달째 퇴고에 씨름하고 있는 나의 이 책 내용도 많이 알려지기를 바라왔기에, 그와 같이 감히 이 책 표지에 넣기로 하였다.

  두 책이 함께 좋은 결과가 있기를 기대해본다.

  끝으로, 그간 이 글월 단초의 두루마리를 펴주신 기호일보 원현린 주필님께 머리 숙여 감사드린다. 서기어린 글자체로 책이름을 써주신 벗 함한 채철훈 님에게도 고마움을 전한다. 아울러 이 책을 흔쾌히 디자인·편집·발간해주신 도서출판 한아름 김천수 사장님께도 감사의 마음을 표한다.

단기 4354년 2021년 4월
졸저 상재 퇴고를 마감하면서
山堈 金洛騏

訓民正音
國之語音異乎中國與文字
不相流通故愚民有所欲言
而終不得伸其情者多矣予
爲此憫然新制二十八字欲
使人人易習便於日用矣
ㄱ牙音如君字初發聲

훈민정음해례본

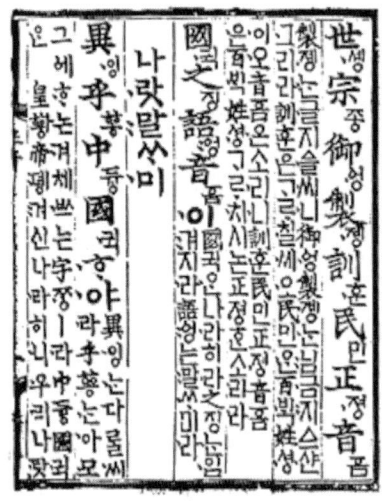

훈민정음언해본

가림토(다) 문자

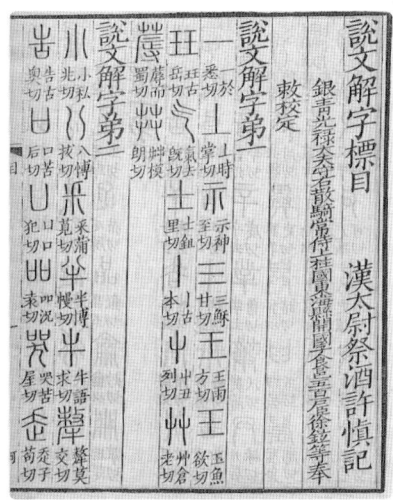

설문해자 본문 일부

설문해자 표제(대서본)

강희자전 본문 일부

강희자전 표제

산강 창작 시가집 소개

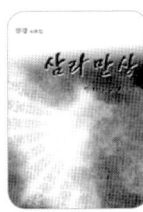

산강 제1시조집

삼라만상 (2008.05.15. 발행)

- 산강 김락기 지음 / 152면 / 값 7,000원 / 도서출판 천우
- 수록내용

  3부, 본문 시조 85편, 내표지 앞면 자화상
  시조 1편, 시조시인의 말 시조 1편, 부별 표제시조 3편
  부록 시 1편, 해설 1편, 단평 1편, 발문 1편

『삼라만상』은 허물벗기를 꿈으로 하여 아픔을 넘어 희망과 푸름을 만든다. 많은 고뇌를 거쳐 무상을 넘어서는 인식에 다다르게 하고, 성찰이라는 덕목 하나를 숨겨두고 있다. 독자들이 시인의 고뇌에 동참하지 않을 수 없을 만큼 건강한 삶의 미학을 보여주며(문무학), 그의 시조는 시조답게 삼장이라는 기본에 충실하고자 애쓴 흔적이 역력하다(임선묵)는 평을 받은 첫 시조집. 제 4회 세계문학상(시조) 대상 수상 작품집이다.

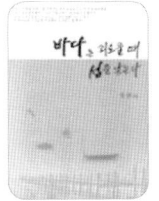

산강 제1시집

바다는 외로울 때 섬을 낳는다 (2007.12.28. 발행)

- 산강 김락기 지음 / 144면 / 값 6,000원 / 도서출판 천우
- 수록내용

  4부, 본문 시 76편, 내표지 앞면 자화상
  시 1편, 시인의 말 1편, 부별 표제문 4편, 부록 시조 1편
  해설 2편, 단평 1편, 표4 해설 1편

바다는 외로울 때 섬을 낳고 시인은 고독할 때 시를 낳는가. 그의 시는 황어가 토해놓은 누런 산란과 같다. 피멍이 맺히도록 모질고도 모진 윤회 알갱이를 토해놓았으니 세속의 삶 한가운데서 존재의 심연을 바라볼 줄 아는 깊은 눈길을 지닌 시인(오정국), 관조로 꽃피운 절정의 미학(정귀래), 지성과 감성을 겸비한 시인(이승우), 한마디로 형이상학(임선묵, 전연욱)으로 평가되는 산강 시인의 처녀 시집이다.

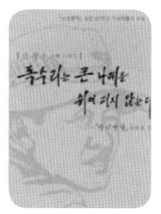

산강 시조집, 제3작품집 (2010.11.30. 발행)

독수리는 큰 나래를 쉬이 펴지 않는다

- 산강 김락기 지음 / 168면 / 값 10,000원 / 도서출판 천우
- 수록내용

  5부, 본문 시조 85편, 내표지 앞면 자화상
  시조 1편, 시조시인의 말 시조 1편, 서시 시조 1편, 작품 해설 1편
  작품 평론 1편, 발문 1편

산강 시인은 오감으로 습득할 수 있는 영역과 오감을 뛰어넘는 형이상학적 세계를 두루 섭렵하고자 날 선 눈빛을 유지한다. 감정의 기복이 절제된 시어와 배행을 통하여 삼라만상을 아우르는 포용력으로 웅비를 꿈꾸며 작품의 품위를 지켜가고 있으며(김준), 시조를 통한 삶의 진리를 캐고자 하는 시인의 높고 깊은 인식을 언어예술로 꽃피운다(문무학)는 평을 듣는 두 번째 시조집. 시조문학 창간 50주년 기념작품상 수상 작품집이다.

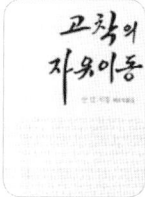

산강 시집, 제4작품집

고착의 자유이동 (2012.04.28. 발행)

- 산강 김락기 지음 / 144면 / 값 8,000원 / 도서출판 천우
- 수록내용

  5부, 본문 시 71편, 내표지 앞면 자화상
  시 1편, 자서 1편, 작품 평설 1편, 나의 시 세계 1편

산강의 화두는 역시 '흔들림'이다. 그러나 이제 더 이상 그는 홀로 흔들리지 않는다. 즉 고착된 것들에게 부여되는 자유란 애초에 방관자적인 흔들림을 거부하기 때문이다. 그렇다면 온전한 자유란 무엇인가. '어디서 많이 본 듯한' 그러나 '어디서 보았는지 모르는' 그 광경들에 여전히 손짓하고 있는 그의 언어는 그래서 오늘날 더욱 숙연하고 각별하다(이승우). 특히, 작품『치아 CT 영상』은 삶의 개결성에 대한 과학적인 성찰의 미학이 성취된 보기 드문 인체 제재의 서술시라 할 만큼 솔직·적확하다(이수화)고 평해지기도 하는 두 번째 자유시집. 제9회 문학세계문학상(시) 대상 수상작품집이다.

산강 시조집, 제5창작집

수안보 속말 (2016.11.25. 발행)

- 산강 김락기 지음 / 158면 / 값 15,000원 / 넥센미디어
- 수록내용

  5부, 본문 시조 77편, 산강 초상화 및 시조 1편, 자서(시조) 1편,
  서시 1편, 작품 평설 1편, 부록: 창작 가곡(악보 포함,3편),
  창작 대중가요(악보 포함,1편)

서경과 서정, 서사가 삼위일체로 어우러진 이 시대의 주옥같은 정형시가 한 권에 담겼다. "시방도 울리누나 열두 줄 타는 소리/합수머리 여울소리 열두대를 감돌면서/순국의 피어린 절규 온 산야를 적시네..." 탄금대를 노래한 첫 수 시조. 사단법인 한국시조문학진흥회 제4대 이사장이던 저자가 4년간 충주 수안보에 살면서 직접 발품을 팔아 갖은 끝에 낳은 작품들이기에 그 의미가 자별하다.…수안보 온천의 진실된 '속말'이 그립다거나(홍경석), 왕의 온천수와 가장 잘 어울리는 힐링 시조집으로서 전통적 한국 정서를 미학적으로 구축하고 있는 가운데, 충주와 수안보온천을 소재로 한 최초의 시조집임을 한 눈에 확인할 수 있다(정유지)고 한 작품집, 이 책은 2017년도 상반기 세종도서문학나눔도서(옛 문공부 선정 우수도서)에 선정되었다.

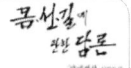

산강 시조집, 제6창작집

몸·선·길에 관한 담론 (2017.05.30. 발행)

- 산강 김락기 지음 / 135면 / 값 8,000원 / 월간문학 출판부
- 수록내용

  5장, 본문 시조 83편, 자서(시조) 2편, 작품 평설 1편

저자는 천문 우주와 같은 거시세계나 양자, 전자 같은 미시세계, 나아가 형이상의 개념까지도 소재로 시조를 써온 만큼, 현대시조는 자연과 인생 상찬뿐 아니라 세상 삼라만상 무엇이든지 소재로 삼을 수 있다는 것을 보여주고 있다. 이번에는 제목 그대로 몸과 얼굴의 각 부위나, 선, 길 등에 대해 예리한 시각으로 작품을 선보인다. 기하학상의 특별한 선이나 몸속 장기 등은 시조의 제재로 잘 사용하지 않던 것들이다. 각 편은 그 소재에 대한 현상이나 본질 묘사에다가 인생사나 우주 원리를 엮어서 함께 표현함으로써 현대시조 창작에 있어 하나의 새로운 방향을 제시하고 있다. 한국문학비평가협회 이수화 회장이 "한국 전통시 율려정신의 구현이며, 산강 시조 특유의 응축과 발화로 고요하게 움직이는 우주생명의 훔치의식은 삼라만상 최고의 만트라(詩)"라고 호평한 책이다.

산강 자유시집, 제7창작집

황홀한 적막 (2017.09.15. 발행)

- 산강 김락기 지음 / 114면 / 값 8,000원 / 청색시대
- 수록내용

  5부, 본문 66편, 자서 1편, 서시 1편, 평론 1편

재론의 여지가 없다. '장자철학'의 핵심은 '무위자연'이다. 일체의 인위적인 것들을 의도적으로 거부하고, 인간과 사물이 생겨난 자연에 거스르지 않으려는 순정하고 담담한 태도, 그러한 향취는 시집 곳곳에서 확인할 수 있다. 그중 내가 읽은 백미는 '구름 섬 인생'이다. "세상은 또한 사람 섬으로 넘쳐나고/사람은 오만가지 생각 섬을 만들며 살아간다/만들어지고 부서지며 떠도는 그대, 낭인이여/이 세상 누군들 구름 섬 아닌 자 있으랴/생멸하는 구름 섬을 저 아니라 할 수 있으랴." 시인에게 포착된 '인간의 삶'이란 외따로 떨어져 있는 서러운 섬과 같은 것. 슬프지만 누구도 피해갈 수 없는 운명이다. 그는 단 5행의 시어로 이 부정하기 힘든 생의 진실을 간파해내고 있다. 높은 시적 경지라 부르지 않기 힘들다(홍성식). 단순·소박하면서도 깊이가 있다. 배워서 터득된 기교가 아닌 절박함의 기교가 독자들의 감성을 자극한다. 눈에 보이지 않는 우주적 적막, 부분과 전체의 조화와 질서가 이상적인 형태를 갖춘 제우적 세계인식의 방법을 보여주고 있다(최서림)고 평을 받는 산강의 자유시집이다.

산강 단시조집, 제8창작집

봄 날 (2018.09.05. 발행)

- 산강 김락기 지음 / 142면 / 값 7,000원 / 한국시조문학진흥회(도서출판 한아름)
- 수록내용

  5부, 본문 시조 77편, 권두시조(서시) 1편, 자서(시조) 1편,
  후록: 발 1편, 산강시조잡론 1편, 단평(초) 1편

우리 전통 시조의 정수라 할 수 있는 단시조 모음집이다. 특히, 이 책은 저자가 캘리그라피(제자題字), 표지화, 레이아웃, 디자인, 편집 등을 손수 다하여 1년 여의 제작기간을 거쳐 발간된 포켓용(문고판) 책자다. "시절이 하 수상하여/봄 날이 그리워서‖다사로운 볕살 아래/꽃 피는 날 그리워서‖시삼동/넘기도 전에/『봄 날』 먼저 나왔네." 2017년 9월 당시 보도자료용 "『봄 날』의 변명"이란 단시조 작품이다. 일상에서 죽어 있던 것들이 사실은 신비하고 놀라운 것들임을 알려주는 따듯한 속삭임이며, 피로에 젖은 현대인들이 뒤를 돌아보며 마음에 한가로움을 담아보게 하는 것이 산강의 시조(신연우)라고 한다. 또한, 우리 모두가 걸어왔고 걸어가야 할, 벗어날 수 없는 노정이 산강이 추구하는 영원한 주제(임선묵)라고도 하는 작품들이다.